野村の授業

人生を変える「監督ミーティング」

弱小集団を変えた育成術、組織論、人生法則

橋上秀樹
元・東北楽天ゴールデンイーグルス ヘッドコーチ

JN264111

日文新書

［はじめに］「考え方」が変われば、人生が変わる

本書は、ご好評いただいた拙著『野村の「監督ミーティング」』の続編となる本である。私が選手やコーチとして、12年間にわたって教えを受けた野村克也監督のミーティング内容をまとめようというのが、前著の企画意図であった。そのため出版企画のお話をいただいた際、何をおいてもまずは野村監督にご相談しなければと思い、すぐにお電話をさせていただいた。

すると監督は、「俺の悪口を書け。そうすれば売れるぞ」と、独特のユーモアを交えながら本を書く際の実務的なアドバイスからその心構えにいたるまで、快くご指導してくださった。このご指導があったからこそ、前著は刊行までたどり着けたのである。

また、続編となる本書では、さらに監督のお力添えをいただくこととなった。「監督のお話を紙上にてお伺いしたい」という不肖の教え子の願いに、快く応じてくださったのだ。それは師弟対談として、本書の序章に収録させていただくこととなった。

まずはこの場を借り、お忙しいなか対談の時間をつくってくださった野村克也監督に心から御礼申し上げます。

本書は、『野村の「監督ミーティング」』の続編ということもあり、内容的な重複を避けるため、前著をお読みいただいた前提で話を進めている部分もあるかもしれない。そのため、いま一度、本書の冒頭にて、前著の内容を簡単におさらいしておく。

まず、「監督ミーティング」とは何か。野村監督は、春季キャンプなどのまとまった時間がとれるときに、自身の野球学や、人間学、組織学などを選手たちに講義する時間をもっていた。これを私たちは「監督ミーティング」と呼んでいた。

この「監督ミーティング」にこそ、名将といわれる野村監督の秘密があるのだ。これまでヤクルトをはじめ、阪神、楽天といった数々の弱小組織を立て直し、また、野村再生工場などと呼ばれる多くの選手たちの能力を開花させてきたノウハウが、そこにはぎっしりと詰まっていた。

このミーティングの中身は、大きく分けると、次の3つの側面があったように思う。

- **人間教育**
- **変化の奨励と、それによる個々人の能力の開発**

・技術以外の、データや読みを駆使した「無形の力」の奨励

野村監督というとデータ野球にばかり目がいきがちだが、実は、人間教育にとても力を入れていた。「人間的成長なくして、技術的進歩はない」というのが、監督の強い信念であり、またそれは、長年プロの世界で多くの一流選手たちとともにプレーしてきた監督の実感でもあった。

だから、人生とは何か？　仕事とは何か？　といったところから選手たちに考えさせ、野球人としてだけではなく、一人の人間としても尊敬されるような人となれ、と説いていた。またそういった人間教育が、チーム内のリーダーを育成し、ひいては組織をまとめ上げる原動力となっていた側面もあった。

「変化の奨励」も「監督ミーティング」の大きな柱であった。監督は「進歩とは変わることである」と選手たちに訴え、つねに変化することを望んでいた。

技術的限界にぶつかり結果が出ないときに、同じ考え方、同じ取り組み方をしていれば、これまでと同じようにいい結果が出ない場合が多い。だからこそ、「変化を恐れるな、変化しろ」と監督は訴えた。「いままでのままではダメだ。自分はこれからこういった選手

となって生き残っていこう」といった考え方の変化、そして練習などへの取り組み方の変化、フォームやバットを変えることなど、さまざまな変化を促して、選手の能力を新たに開発しようと試みていたのだ。

もう一つ、「無形の力」も野村監督の大切な教えである。野球技術の限界、自身の才能の限界に、どんな選手であってもほとんどの人が必ずぶつかるものだ。そのときに、技術以外の力、すなわち、データや配球の読み、相手のクセなどといった「無形の力」を駆使して勝負に勝つことを、野村監督は選手たちに推奨していた。

こういった部分の知識は、野村監督がプロ野球界のパイオニアであり、また、いまだに他の追随を許さないデータと分析力をもっているといえるだろう。

以上が、「監督ミーティング」がなんたるかの、基本的な解説である。より詳しくお知りになりたい方は、前著をご覧いただきたい。

さて、そういった監督の教えを書き写したノートは、いま、私の手元に10冊を超えた。本書はそのノートを参考にしながら、まとめられたものである。前著では書けなかった部分を収録し、より、野球というものの奥深さが楽しめるものになったのではないかと考えている。

野村監督は日ごろ、「思考と行動は切っても切り離せない」とよく言っていた。つまり、考え方が取り組み方となってくるのだから、監督とコーチは技術だけを教えていればいいというわけではない。考え方を教えなければならないというわけだ。

そしてその「考え方」の部分を説いていたのが、まさしく「監督ミーティング」であった。監督がよく引用する言葉に、「考え方が変われば行動が変わる、行動が変われば習慣が変わる、習慣が変われば人格が変わる、人格が変われば運命が変わる、運命が変われば人生が変わる」というものがある。

まさに、野村監督のミーティングが、多くの選手たちの能力を開花させ、それぞれの人生を変えたのであった。本書の題名『野村の授業　人生を変える「監督ミーティング」』はそういった意味でつけられたものである。

この本が、野球にかかわる人はもちろん、さまざまな仕事をなさっている多くの方たちの仕事や生活においてお役に立てば、これほどうれしいことはありません。

橋上秀樹

野村の授業 人生を変える「監督ミーティング」目次

第2章　「無形の力」を駆使する野村野球の神髄

序章 師弟対談 野村克也・橋上秀樹

有能なリーダーは、前リーダーのよいところを取り入れる

橋上　まずは野村監督がこの1年（2010年）、楽天の試合をご覧になっていて感じたこと、気づいたことについてお聞きしてもよろしいでしょうか。

野村　監督を辞めた人間なんだから、なんでも話すよ（笑）。

橋上　今年は成績がふるわなくて最下位だったわけですけども、昨年と戦力的にほとんど変わっていないと思うのですが、その点についてはいかがでしょう？

野村　まったく変わっていないよな。実は昨年、球団の島田亨オーナー兼社長や米田純代表に退任のあいさつに伺ったときに、

「余計なことかもしれませんが、私がこれまで4年間、楽天の監督をやってきてわかるのですが、このチームはまだまだ本当の実力はついていません。今年2位になったのは、実力ではなくたまたまだったんです。

うぬぼれで言っているわけではありませんが、コーチ陣をはじめ、なんとか選手のやり

くりをして、つぎはぎだらけで戦ってきたんです。結果的に2位になりましたが、戦力的にはパ・リーグの他の5球団よりも劣っているのは、私の目から見ても明らかなんです。

いまのままだと誰が監督になるかはわかりませんけども、来年はまた最下位に落ちる可能性が高いと思います」ということを、念のため話しておいたんだ。

ただ、私を切るんなら、それ相応の人が来るんじゃないかと思ったよ。たとえば長嶋とか（笑）。まあこれは冗談だけど、古田

（敦也）が楽天の次期監督になるんじゃないかっていうのは、正直考えたよ。そうして、「楽天では野村野球を継承します」と彼が言えば、すべてが丸く収まるのかなと思えたし。けれどもフタを開けてみれば、前のシーズンまで広島で指揮を執っていたマーティー・ブラウンが監督になった。これには驚いた。

その点、私が阪神の監督を辞めた後、星野（仙一）が監督になったときには納得したね。彼は「野村さんのいいところは継承してやっていきます」と、会見で堂々と言ってくれたし、ヘッドコーチを務めることになった島野（育夫）もあいさつに来てくれて、「野村さんのいいところは、私たちが引き継いでいきます」と宣言してくれた。**いいものはいいと認める姿勢こそ、リーダーには大事なこと**なんだよ。

橋上　今年の楽天の試合をご覧になっていて、監督が昨年まで培ってきたものは発見できましたか？

野村　まったく見つからないね。今年のブラウン采配を見るかぎりでは、アメリカの野球をやっていたにすぎない。

それと今年の楽天の野球を見ていて気がついたんだけど、私が南海の監督を解任された後のことを思い出したよ。あのときは、私の後釜に広瀬（叔功）が監督になったんだけど、就任後、選手全員を前にしたあいさつで、「野村野球はもう終わりだ。だからこれまでの野球は忘れてくれ」と言ったそうなんだ。

これを聞いた選手たちが、「じゃあ、あなたは野村前監督以上のことができるのか⁉」という思いを抱いて、不安になったらしいよ。

橋上　それは今年の楽天についても同じことが言えますね。実際、去年までやっていたことを、今年は全面的に否定されることが多く、監督がつね日ごろ言っていた、「無形の力」（技術以外の「読み」などの部分）を、キャンプの時点から全面的に否定されてしまったらしいのです。それでちょっとシラけるところがあったと、一部の選手から聞きました。

考え方を変えるために人間教育をするのだ

橋上 この本では、監督のミーティング内容を私の視点からまとめさせていただきました。監督のミーティングは、野球技術の話ばかりではなく、むしろ人生論や仕事論といった人間教育に関するお話が多かったのですが、それはなぜなのでしょうか。

野村 「思考と行動は切っても切り離せない関係にある」、これはよくミーティングでも言ってきたことだけど、つまり、考え方が取り組み方になってくるんだ。日ごろの考え方によって、野球に対する取り組み方も決まってくる。だから、監督やコーチは選手に技術ばかり教えていればいいわけじゃない。考え方を教えていかなきゃならない。

どうやって人生について考えるか。どうやって仕事について考えるか。そういったことを教えてあげなければ、野球に対する取り組み方も変わってこない。

私のなかには、「人間的成長なくして、技術的進歩はない」という固い信念があって、**人間の成長と技術の進歩っていうのは、比例して伸びていくと思っているんだ。**

だから人間的に成長し、まわりからも尊敬されるような人にならなければ、一流の技術を身につけた選手にはなれないんだ。

けれども、現実はほとんどのチームで、「結果がすべてである」ということを聞く。監督やコーチがこういう考えでチームを指揮すると、「気合だ、根性だ」って、精神野球になってしまうんだよ。

しかし、いい結果にたどりつくには、いいプロセスを経なければならない。私は結果主義ではなく、プロセス重視なんだ。そしてそういった当然のプロセスとして、人間教育は必要なことなんだ。

だからまぁ、私のミーティングは、屁理屈を選手たちに押しつけることが多くなっちゃうんだよ（笑）。

選手と接するときに最も気をつけていたこと

橋上　監督はこれまで長年チーム運営をしてきて、選手と接する際に特に気をつけていたのはどのようなことだったのですか？

野村　私のプロ野球人生はテスト生から始まって、いま考えてもいちばん恵まれないところからのスタートだったんだ。監督にもコーチにも、テスト生なんて100パーセント期待されていない。みんな、球団が高いお金を使ってスカウトしてきた選手に注目してるんだ。

選手にとって、無視されるっていうのはほんとうにつらいもんなんだ。このときに私もそれを、いやというほど味わった。

結局、選手ってのはいつでも監督のことを横目で気にして見てるものなんだ。

私が南海時代、鶴岡（一人）監督が2軍の試合を視察に来ようものなら、それはもうたいへんだった。2軍の選手はいいところを見せようとみんな張り切っちゃってね。けれど

も、「ここでアピールしなきゃ」と肩に力が入っちゃっているものだから、思うように打てない。たまにカキーンってヒット性の当たりを打って、「よしやった！」と喜んでいたら、監督の姿がなくなっている。もう肩の力が抜けてガッカリしちゃうよね（笑）。

けれどもこれはいつの時代も同じことだと思う。人間、組織のなかに入れば、「オレはチームにとって重要な存在だ」って誰だって考えるものなんだ。**そういう重要感をみんな持っているということを理解したうえで、選手たちに接していくことは気をつけていたんだ。**

欲から離れると見えないものが見えてくる

野村　橋上は初めての評論家生活か？

橋上　はい、そうです。

野村　評論家というのは不思議な職業で、野球を客観的に見られるようになる。いままでユニホームを着て、ベンチから野球を見ていたら熱くなって、「ああしたい、こうしたい」と欲ばかり膨らんでいたとするじゃない？　ところが、バックネット裏から野球を見ていると、そうした欲がいっさいなくなるんだ。評論家になって初めて、**「欲は人の判断を狂わせる」ということを学んだよ。**

作戦一つをとっても、「ここはバントだ」、「もう投手を交代させたほうがいいだろう」と冷静に分析できる。よく解説者が試合を見ていると、あれこれ批判するんだけども、バックネット裏の記者席にいると、その気持ちがよくわかるんだよね。

現場の指揮官であれば、勝負事は勝ちたいに決まっている。そうすると、見えるものも見えなくなっちゃう。これだけ冷静に野球が見られたら、私ももっとましな監督になっていただろうなと思うよ（笑）。いま、橋上がそれをいちばん感じているんじゃないか？

橋上　そうですね。たしかにいままで見えなかったことが、よく見えているような感じはしています。

野村　欲から離れると、相手の手の内がよく見える。川上哲治さんは、「無心になってバットを振れ」と言って指導されていたようだけれども、オレは「そんなことはできるわけがない」と思っていた。

ただ、バッターボックスで構えていて、0コンマ何秒の時間だけは無になれた。「ここでホームランを打ちたい」と思って打席に入っても、投手が振りかぶって投球動作に入ると、ボールに集中している。相手投手の狙い球を絞っているときは、無意識のうちに「無」の境地になっていたはずなんだ。

だから私はそれでいいと思っていた。「よし、ホームランを狙うぞ」と思ってバッターボックスに入る。続いて投手が投球モーションに入ったときには、狙い球を絞る。そして、打撃動作に入ったら「打ちたい」という欲がなくなっているんだよ。

私はその繰り返しでいいと思っていたんだ。川上さんのような「無」の境地になるなんていうことは、結局、オレみたいな凡人には何十年かけてもできなかったな。

野村監督が尊敬している監督

橋上　監督をおやりになっていくなかで、尊敬したり、参考にしていた監督さんというのは、実際にいましたか？

野村　頭の片隅のどこかに川上さんの姿があったね。やはり9年連続日本一になるということは、並大抵のことではできない。まれに、「あれだけ戦力が揃っていりゃ、誰がやっても優勝する」なんてことを言う人もいるが、9年連続で優勝するというのは、戦力の有無だけではできない。当時の巨人には、勝てるだけの手本や教訓が、きちんと備わっていたんだよ。

私はよく**「中心なき組織は機能しない」**と言っていたけども、長嶋茂雄と王貞治の2人が中心でどっしり構えていて、まわりを柴田勲、高田繁、土井正三ら脇役が固め、堀内恒夫、城之内邦雄、高橋一三らの投手陣がしっかり抑えるという布陣が完成されていたから、すべてが機能したんだろうと思う。あのころの巨人は、チームづくりから試合運びにいたるまで、まさに理想の組織だったね。

橋上　V9時代の巨人がですね。

野村　そうだ。私は森（祇晶）と現役時代から交流があったから、よく巨人のことを聞いていたんだ。そのとき、「川上さんってどんな人なんだ?」って聞いたら、「とにかくミーティングをよく行なう人だ」と言っていた。そこで、「いったいどんなミーティングをするんだ?」と尋ねてみると、「野球の話はほとんどしない。人間学や社会学についての話ばかりなんだよ」と言ってたんだ。

つまり、当時の巨人は心・技・体でいうところの、「心」の部分を川上さんがみっちり指導していたというのだから驚いた。当時、他の11球団でそんなことをやっている監督はいなかっただろうからね。

信は万物の基をなす

野村　強い組織というのは、リーダーがしっかりしていなくてはいけない。「信は万物の基をなす」というけど、**信頼、信用がないことにはチームはうまく機能しないものなんだ。**これは監督の業務をするにあたって、大きなテーマでもあるし、それが選手たちから得られないときには監督を辞めるしかないと思っていた。

だから昨年（２００９年）、楽天のフロントから、「監督をお辞めになってもらいます」と言われたときには、本当に納得できなかった。チーム創設以来、初めて2位になったわけだし、チームもうまく機能していると思っていた。しかもほとんどのコーチをクビにしたことには、ただただ驚いたとしか言いようがなかった。

これはぜひ書いてほしいんだけども、三木谷浩史会長や島田オーナー兼社長の２人は野球にはまったく興味がないタイプだった。球団の全権を任されていたのは米田代表で、この人は、人を好き嫌いで判断するきらいがあった。自分に対してペコペコしてくる相手だけまわりに置いて、それ以外の人間は排除するという最悪なことをしていた。こういう人間がいる組織というのは、先行き不安なものだよ。
しかも私の連れてきたコーチは息子の克則くらいなのに、なぜ他のコーナまでクビにするのか尋ねると、「球団を創設して5年たちましたから、また組織を一新させる狙いで行ないました」と平然と言うんだ。
「野村色がついているから一掃する」というのは、昔、南海を辞めたときと一緒だから絶対にチームはよくならないと思っていた。**いいものはいいと認めていく。それを生かして継続させることが大切なんだ。**彼らはそのことをよく理解していない。

橋上　監督はあと何年、楽天の監督をやってみたかったんですか？

野村　別に2年も3年もやらせてくれと言っているわけじゃない。ただ、あと1年だけやらせてほしかった。そうすれば優勝争い、最低でもAクラス入りさせるだけの手応えは感じていたから、今年も昨年と同等、いやそれ以上の結果を残せたんじゃないかって、いまでも思っているよ。

ヘッドコーチの役目とは

野村　昨年まで橋上もよくやってくれたよ。私は君がヘッドコーチとして適格者であったことを認めるよ。

橋上　そう言っていただけると、ほんとうに光栄です。

野村　よそ様のことを言ってはなんだけど、他チームではヘッドコーチというポジションについて誤解しているヤツがいるんだよ。「オレは監督よりも野球を知っているんだ」などという態度でヘッドコーチをやっているんだ。これだと選手がかわいそうだよね。チーム内の最高指揮官は監督なんだから、監督からの指示をできるだけ選手に浸透させる役割を、ヘッドコーチが担わなくてはならない。そのあたりを勘違いしている人は、ヘッドコーチには向かないんだよ。

それと監督だって間違えることはある。そこを冷静な目で見て指摘するのもヘッドコーチの役目なんだ。

よく、**「人は3人の友を持て」**と言うだろう？　直言してくれる友、原理原則を教えてくれる友、人生の師ともいえる友。そう考えたら、**ヘッドコーチは、監督のためにも「直言してくれる友」であることが必要なんだよ。**私だって完璧な人間じゃないと、自分自身がいちばんよくわかっているつもりだしね。

楽天時代は私とコーチ陣との年齢差はだいぶできてしまっていたけれども、だからといって、君らの意見を無視するとか、「いいからオレの言ったとおりにやらせろ！」などと押しつけるようなやり方はいっさいしなかった。

「最終的に決定するのは私だけど、

発言するのは遠慮せずに、どんどんしろ」と促していたつもりだよ。

橋上　おかげで私も昨年はいろいろと言わせていただきました。

野村　橋上もさらに成長してもらわないと困るからな。責任感と使命感が芽生えて初めて人は成長していくものだよ。

橋上　私自身、監督に進言するからには、それなりの根拠をもって話をしないといけないと考えていました。それを踏まえたうえで、監督にはいろんな話をさせていただいたと思っています。

次はどんなチームで監督をやりたいのか

橋上　最後にお聞きしたいのですが、今度、現場復帰される機会があったとしたら、どういったチームで指揮をしたいとお考えですか？

野村　橋上は以前、オレには強いチームは似合わないって言ってなかったっけ？

橋上　はい、言いました（笑）。

野村　たしか「誰が見ても優勝候補のチームを率いて優勝させるよりも、弱いチームを率いて強くしていくほうが、監督らしくていい」と言ってたんだよな。まあ、そういうイメージが定着しちゃったんだろうしね。

橋上　たとえば、今年のセ・リーグでいうところの、巨人と横浜だったらどちらのチームで采配をふるうのが魅力に感じますか？

野村　巨人は嫌だね。プロ野球は昔から巨人を中心に回っているから、巨人に関する情報はいろいろと入ってくるけれど、選手の獲得の仕方がいちばん嫌だよね。

たとえば立大から長嶋をプロに誘い入れるときに9割方、南海への入団が決まっていた。

鶴岡監督と立大の先輩である大沢啓二さんも一緒に立大に行って、長嶋と杉浦忠の２人が南海に来てくれることになっていた。これで南海はさらに強くなるな、と期待していたんだよ。ところがフタを開けてみたら、杉浦は南海に来てくれたものの、長嶋は巨人に行っちゃった。これには思わず拍子抜けしちゃったね。

そしてヤクルト時代は、当時、慶大の、というより東京六大学のスターだった高橋由伸を横取りされて。それまでは片岡宏雄編成部長が、「慶大の高橋はヤクルトに来てくれますから」と言ってたんだ。それにもかかわらず、ある日、高橋が記者会見を開いているので、「なんだ？」と思って見ていたら、巨人入りを決めたと言っている。このとき私は昔の長嶋の姿と重なって、「巨人はまだこんなことやっているのか！」と憤慨したのを、いまでも覚えているよ。そういった巨人のやり方は、私には相いれないところがいまでもやっぱり残っている。

だから私は強いチームは似合わないのかもしれないな。やっぱり、弱いチームのほうがいいのかな（笑）。

橋上　それを聞いて、私もなんだか安心しました（笑）。監督、今日はほんとうに貴重なお話、ありがとうございました。

第1章 選手たちの人生を変えた「監督ミーティング」

「いまはわからない重要なこと」を
リーダーは訴えるものだ

私の前著『野村の「監督ミーティング」』でも触れたことだが、監督はよく「知らないよりは知っていたほうがいい」、「考えないよりは考えたほうがいい」といったスタンスで、春季キャンプなどの際に、「監督ミーティング」を行なっていた。ここでは、野球論よりも、もっぱら仕事論や人生哲学、組織論などに多くの時間が割かれていた。

監督は仕事について、また人生について語りながら、よく、「ここにいるお前らには、現役でいる間は、この言葉の重みはなかなか感じられないだろう」、「このミーティングは歳を重ねていくごとに、少しずつわかってくるものだ」ともつけ加えていた。

よほど我々選手たちがポカンとした顔で、監督のこういった話を聞いていたからそのように言ったのかもしれないが、たしかに、仕事や組織のこと、ましてや人生についての話などは、ある程度の人生経験を積まないと腑《ふ》に落ちないことが多い。

私自身、現役時代の晩年を迎えたころになってようやく、監督の言っていたことがふと頭のなかをよぎることが多くなったのは事実だし、後にヤクルトでプレイングマネージャーを務めた古田敦也にしても、いまもチームの中心選手となって活躍しているヤクルトの宮本慎也や日本ハムの稲葉篤紀らも同様のことを口にしていたのを思い出す。

みな、晩年になってから監督のミーティングのありがたさや、監督の言葉の意味を理解できるようになったと言っているのだ。

若いころは自分一人でうまくなった、自分の力でチームが勝ったなどと思い上がった気持ちになりがちだが、歳を重ねるうちに、体力の衰えなどにも直面し、まわりに対しても謙虚な姿勢になっていく。年齢も重ねているので、どこのチームに行っても、組織のなかで、中心的な役割、リーダー的な立場にも自然となってきている。

そうしたときに初めて、野村監督の言っていた人生論や組織論が、自分の立場に照らし合わせてスーッと理解できてくるのだ。

私もその後、コーチとして選手たちを指導する立場になって初めて感じたが、「いまは理解できなくてもいい。そのうちわかるときがくる」といった姿勢で指導をするというのはとても難しいものだ。

その選手にとってためになる何かを指導しようとしても、「いまのあいつには、どうせ理解できないこと」、「わかるわけがないこと」は、たいていの指導者は指導しない。また、何度同じことを言ってもわかってもらえなかったりしたら、「もう言ってもムダだ」とあきらめてしまうことさえある。

もちろん技術的指導においては、段階的なマスターが必要なものもあり、現状で理解できないような指導はしないが、ここで言っているのは野球に対する取り組み方などの「考え方」の部類の指導だ。

しかし野村監督は、こういった人間教育にかかわる指導は、けっしてあきらめることなく、辛抱強く言い続けるのだ。

「いま言って、わかること」も大切だろうが、それと同じくらい、「いまはわからないが、そのうちわかる重要なこと」をとても重視していたように思う。

誰かが種をまかなければ、芽はけっして出ない。そういう意味では、リーダーとはつねに種をまき続けなければならない存在なのかもしれない。実際にいま球界には、野村門下生といわれるような芽が、たくさん出はじめていると言えるのではないだろうか。

練習より大切と考えていたミーティング

春季キャンプのとき、野村監督が行なうミーティングのことを、私たちは「監督ミーティング」と呼んでいた。前項でも書いたとおり、その内容は、野球のことよりも、人生論や仕事学などの人間教育にかかわる部分が多かった。

キャンプ中のスケジュールは、午後6時から夕食、午後7時から8時までが「監督ミーティング」、その後、午後8時からは夜間練習となっていた。

しかし、「監督ミーティング」が1時間で終わったためしは、ほとんどなかった。「キリがいいから、次のところまで話しておこうか」といった感じで、必ず次の夜間練習までずれ込むのである。実際は、1時間半で終われば早いほうで、何時間単位で延びることもよくあった。

ときには、バッティングコーチに対して、「今日はココまで話すから、夜間練習は中止してミーティングをやらせてもらうから」と言って、ほんとうに練習を中止して、監督の話を聞いていることもあった。

選手からすれば、「野球を上達させるには練習あるのみ」と考えがちである。私自身、現役時代はそういう発想でいたのは事実だ。しかし、監督は、

「夜、バットを振ることも大切かもしれないが、オレの話はそれ以上に大切だ。いつかは役に立つ。それがいつかはわからない。ひょっとしたら10年後になるかもしれない。だが10年後、いまオレの言っていることが『少しでも理解できる』と感じられるようになったら、君たちはいまよりずっと成長したことになる」


と断言していた。

その当時、選手として「監督ミーティング」を受けていた私も、「ほんとうにバットを振るよりも、このミーティングが大事なことなのか」と疑問に思ったのも事実だ。

しかし、いまになってみると、少しずつ監督の意図がわかってきたような気がする。野村監督のような長年、プロの一線で活躍する人間の経験から出る発言や教えは、そうそう簡単に聞けるものではない。そういう意味からも、夜間練習なんかより、何倍も価値のあ

る時間であるのは事実だ。

しかしそれよりも、仕事や人生に対する理解を深め、それによって、いままでもっていた野球に対する考え方、取り組み方を変えていく。そういった頭のなかの変革こそ、その人にとって飛躍的に伸びていくきっかけとなり得る、ということを野村監督は知っていて、「監督ミーティング」を重要視していたのではないかと思うのだ。

もちろん、**体を動かした技術の習得も大切なことだ。しかし、その選手が大きく伸びていくためには、考え方の部分での変革が大いに必要になってくる**と思うのだ。その「考え方の変革」を選手たちに起こすべく行なわれていたのが、「監督ミーティング」だったのだ。

感性の鋭い選手が一流である

一流選手の共通点とは、感性の鋭さである。感性が鋭いとは、「どうしてそんなところにまで」と言いたくなるような細かなところへの疑問や、こだわりをもっているということである。

かつて私がまだヤクルトで、野村監督の下でプレーしていたときのことだ。

当時、現役だった落合博満さんのバッターボックスへ入るしぐさをじーっと見ていた監督が、

「落合はなんで、打席に入るときにああいう動きをするんだ？　あそこが気になるんだ」

としきりに言っていた。

落合さんは必ずと言っていいほど主審の肩越しからマウンドを見てから、バッターボックスに入っていたのだ。

落合さんといえば、打席での一連の動作も有名だが、監督は、「バッターボックスに入

るまで」に注目していた。

もちろん私たち選手はそんなところは見ていなかったし、考えたこともなかったので、なぜなのかなんて答えられなかった。

「あのしぐさはどういう意味があるんだろう?」とそれ以来不思議に思っていたのだが、私が97年に日本ハムに移籍した際、落合さんと同じチームになったので、

「バッターボックスに入る際、必ず主審の肩口からマウンド上の投手を見ていますけど、あれはどういう意味なんですか?」

と質問してみた。

すると、落合さんは、

「マウンド上のピッチャーズプレートからホームベースまでが真っすぐになっているかを目視していたんだよ」

と教えてくれた。


通常、打者はバッターボックスに入ると、ストライクゾーンを空中に四角く描いてイメージする。落合さんの場合は、普通よりももっとはっきりした四角をつくるらしい。それ

で、ピッチャーズプレートからホームベースまでが直線ではなく、ほんのちょっとでも角度がずれていたりすれば、その空中に描いた四角をちょっとずらしたりするというのだ。

「えっ、そんな球場なんてあるの⁉」とお思いの方もいらっしゃるかと思うが、ピッチャーズプレートがほんのわずかであるが、1塁側や3塁側にずれている球場は実際に存在する。楽天の本拠地であるクリネックススタジアム宮城は、マウンドの真後ろから見て、ホームベースまで真っすぐということはなかった。

とはいえ、あまたいる打者のなかで、こうした点にまで目配りをしていたのは、落合さんぐらいなものである。技術力もさることながら、ここまでささいな点に気づくからこそ一流なのである。

「細かいことを感じないヤツは、大きなことは絶対できない」とも野村監督は言っていたが、落合さんのささいなしぐさに気づいた監督といい、ピッチャーズプレートの微妙なずれに気を配る落合さんといい、2人ともまぎれもない一流であることは確かだ。

感性を磨け。鈍感なヤツは何をやってもダメだ

「監督ミーティング」のなかでよく出てくる言葉に、「感性を磨け」というフレーズがある。さらには、「鈍感なヤツは何をやってもダメだ」とも、監督は言っていた。

そこで、「感性」とは何か、ということになってくるのだが、技術的な話で言ってしまえば、たとえばキャッチャーの洞察力や観察力も感性からくるものだ。

ある選手が、自分は選手としてどんな部分が欠けていて、これからどんな部分を伸ばしていけばいいのか、といったことも、感性が磨かれていなければ自分で見いだすこともできないかもしれない。

その選手が技術的に伸びるかどうかも、ちょっとしたヒントに気づけるかどうかといった感性にかかっている場合もある。

まわりの一流選手のすばらしさに気づき、それを模倣してみようという場合だって、感性がなければ、そういったことすら考えが及ばないことだってあるのだ。

つまり感性とは、さまざまなものに対して関心をもったり、気づいたりする能力ということができる。こういった能力が劣っていると、自分自身を磨いていくチャンスすら見逃してしまうのだ。

だから、「鈍感なヤツは何をやってもダメだ」ということになるのだ。

さて、それではそういった感性をどうやって磨いていけばいいのだろうか。

これには、何も特別なことをする必要はないと思うのだ。つねに、いろいろなことに対して興味をもって、疑問をもつように心がければいいのだ。

ビジネスマンの方でも、「なんであの人は、ああいった仕事のやり方をするのかな」とか、「あの上司の言った言葉の意味はなんなのかな」といったようなことを、ほんのちょっとしたことでいいから、日ごろから考える習慣づけをしていけば、次第に感性は磨かれていくものだと思う。

私はヘッドコーチという立場上、監督の言葉を、選手たちに伝える仕事を担ってきたのだが、これはただ伝言のように伝えるだけではダメなのだ。

たとえば監督が5言ったとして、そのまま5伝えただけでは、監督が満足してくれないのだ。

だから私は、監督が5言ったら、その背後の意味なども含めて10伝えるように努力していた。

「あの言葉のなかに、他の含みがあるのかな」などと日ごろから考えていると、最初は難しくても、次第にその背後の意味までが理解できるようになってくるものなのだ。

とにかく日々、**最初は意識してわざとでもいいから疑問をもつこと**。それが習慣づいてくると、「そう言えば、あれはなんでなのかな」、「どうしてそうなっているのかな」と疑問に思うことが自然に増えてくるものなのだ。そうすることで、あなたの感性は磨かれていくはずだ。

野村監督の捕手心理を読む洞察力

野村監督はよく、私たちに「捕手心理」というものを教えてくれた。捕手がどんなボールを投手に要求するのか、その背景にある心理の解説は、私自身はもちろんのこと、多くの選手にとってもとても参考になるものだった。

たとえば、第一打席をスライダーで打ち取られたとする。そんなとき、

「お前らだったら、バッターとして次の打席はどうする?」

と野村監督は質問を投げかけるのだ。

「スライダーでやられたので、スライダーが気になってます」

と我々選手が答えると、

「キャッチャーってのは、そこを考えて、バッターが今度はスライダーをマークしてくるから、基本的には次は真っすぐだよ」

と教えてくれるのだ。逆に、一打席目にスライダーを打ったとしたら、今度はバッター

が、「さっきはスライダーを打ったから、次はスライダーは来ないだろう」と考える。だから、キャッチャーは二打席目もスライダーから入ってくるというのだ。

前のバッターがスライダーをパカーンと打ったとする。すると次のバッターは、真っすぐを待ちたくなる。しかし、次の初球もスライダーで入ってくる。

ようするに、**スライダーを打たれたから、次は真っすぐ、というのは「表」であって、キャッチャーというのは「裏」をかきたい性分なんだ**と、監督は教えてくれるのだ。

初球のフォークボールを、タイミングがまったく合わずに空振りした場合、バッターは次も頭にフォークがあるものだ。しかしそこで、スパーンと真っすぐでいけば、キャッチャーは気持ちがいいのだ。そういったキャッチャーという人間の、心理のクセみたいなものを野村監督はさまざまな状況で教えてくれた。

こうした捕手心理が理解できるようになるだけで、狙い球を絞ることが容易になり、ヒットを打つ確率も高くなるのだ。

相手の配球を7、8割的中させていた野村監督のボヤキ

前項で述べた「キャッチャー心理」をもとに、野村監督はベンチ内でもよくボヤいていたものだ。

相手が打席に立っているときなどは、「次、この球でいったらやられるぞ」、「正解はこの球だぞ」と、ベンチ内の選手たちに聞こえるようにボヤいていた。そうやって、選手たちにキャッチャー心理を少しでも理解させようとしていたようだ。

変化球を相手が空振りをした直後など、

「いま変化球に対するマークがあるから、同じ変化球でも甘くいったらやられるよ。逆の球だったら、たぶん手も足も出ないよ」

と言って、次の球、言ったとおりに真っすぐで相手が見逃し三振になったりすると、聞いているまわりの選手たちも、「なるほど」とキャッチャー心理がすんなりと頭に入っていくのである。

いま考えてみると、そういった野村監督の「配球の読み」は、７、８割は的中していたのだからすごいものだ。

さらに監督は、相手捕手ごとのそれぞれの配球のクセを見つけ出してもいた。監督に言わせるとその捕手が、「**単に勘に頼っているのか、成り行き任せなのか、打者のしぐさをつぶさに見てサインを出しているのか、投手の能力を中心に考えて配球を組み立てているのか**は、何試合か見ていればわかってくるものだ」と言うのである。

だから阪神の城島健司や巨人の阿部慎之助らはあまり高く評価していなかった。城島や阿部は野球センスの塊であるのは間違いないが、こと捕手としての適性となると、打者の裏をかくというよりは、打者と思考が合ってしまう。意地の張り合いのように、「同じ球をもう一丁」という配球をしているのである。

２０１０年のシーズン、阪神も巨人もチーム打率はいいものの、投手力がいまひとつよくなかったのは、そのあたりに原因があったのだろうと、私は考えている。

勝負強いヤツとは開き直ることができるヤツだ

プロ野球の世界では、投手にしろ打者にしろ、勝負強いと言われる選手がいる。ここだけは抑えてほしい、ここでなんとか一打ほしい、そんな切羽詰まったような状況で結果を出してくれる選手がときにいるものだ。なぜ彼らは、ここいちばんで結果を出すことができるのだろうか。勝負強さとは、いったいどんな資質なのだろうか。

私は勝負強さとは、「開き直り」ができるかどうかだと考えている。たとえば打者のケースで見てみよう。

データからはかなりの確率で、次に真っすぐがくる可能性が高いことがわかったとしよう。しかしそんな状況でも、どうしても変化球も捨てられないというヤツがいるものだ。

真面目なヤツほど、失敗したらどうしようと考え、なんとかすべての球に対応しようとしてしまうのだ。そういった無難な待ち方をするヤツは、結局、無難な結果しか出せないものだ。準備が中途半端だから、結果も中途半端にならざるを得ない。

しかし勝負強いヤツは、そういうときに覚悟を決めて、変化球は捨てることができる。変化球がきてしまったら仕方がないと、開き直ることができるのである。

そういった待ち方をしているところに、狙いどおりの球がきたりすると、驚くような成果が得られることがあるのだ。こういったところが、まわりからも勝負強いと認められるようになるのだろう。

一方、これは気がついている人も少ないと思うが、勝負強いヤツとは、逆の目がきてしまうと、あっけなく負けるときもあるのだ。ときどき、もう目も当てられないような完敗を喫するというのが、勝負強いヤツの典型でもある。裏をかかれたら、まったく対応することができないからだ。

しかし、確率の高いほうに賭けて、負けたのであれば仕方ないのではないか。野村監督はよく、**「やけくそはギブアップ、開き直りはチャレンジ」**と言っていた。

野球解説を聞いているとたまに、「もうここは目をつぶって、ど真ん中にいくしかないでしょう」などという解説を聞くことがあるが、これなどは勝負ではない。ただのやけくそである。確かなデータをもとにして、「ここはこのボールだ」、と開き直ることはチャレンジであって、勝負強いプレーをする極意でもあるのだ。

野村監督は天才型ではないから名指導者なのだ

野村監督はよく、「オレは野球に関しては天才ではなかった」と言っていた。そのために練習してうまくなるしかないと思い、入団当初から人の倍の練習量をこなしていたそうだ。その甲斐あって、1軍に上がることができ、入団4年目には3割、30本塁打を打つことができた。

ところが、相手に研究されだすと、途端に打てなくなってしまったという。そこで、以前にも増して練習に励んだというが、結果がついてこない。2割5分までは打てるものの、どうしてもそれを超えることができなかった。つまり、技術力の向上の限界を悟ったのである。しかしこのまま手をこまねいていては、レギュラーのポジションを他の選手に奪われてしまう。

「打率をいまより5分上げるにはどうすればいいか」——そこで考えたのが、「データの活用」だったという。つまり、相手投手のクセやバッテリー間の配球を研究し、分析することによって、「読み」の勝負で5分上げることに成功した。

技術的な限界にぶつかれば、残りは頭を使って工夫していくしかない。そうやって野村監督は、名球会のなかでもすばらしい記録を残している。ほとんどの名球会プレーヤーが才能のままに感覚だけで大記録を達成してきたのに対して、監督は才能以外の部分で工夫をつづけてきたことで、彼らと同じ、あるいはそれ以上の大記録をつくってきたのだった。

現役時代、華やかな記録をうちたてた名選手が、必ずしもよい指導者とはなり得ないということがよく言われている。

名選手とは往々にして、感覚に頼ってその記録をつくってきた人がほとんどだ。感覚というものは、どうしても言葉に変換することが難しい。したがって、その指導をうまく選手たちに伝えることがどうしてもできないのだ。

自分が感覚的に優れているために、普通の人には難しいことでさえ難なくこなせてしまうこともあり、選手に対して、「なんだ、そんなこともできないのか」などと思ってしまう場合もあるかもしれない。そうなると、相手の立場に立った丁寧な指導など到底無理だろう。潜在的な素質をもった選手でも、花開くことなく消えてしまう可能性だって出てくるかもしれない。

これは以前、金森栄治さんから聞いた話だ。王貞治さんが福岡ソフトバンクの監督時代、松中信彦に打撃の指導をするときに、「手を速く使いすぎ」といったような感覚的な指摘をしていたという。しかし打撃コーチの金森さんは、松中の動きが遅いと考えていたので、王さんの現役時代のビデオを何回も見たというのだ。すると王さんのそれは、松中よりも数段速かった事実を知って、金森さんは戸惑ってしまったという。

王さんも名指導者の一人であることは間違いないのだが、野村監督はその対極にいる指導者ともいえる。**感覚以外の部分で高い所まで上りつめた人は、言葉によって指導できるノウハウをたくさんもっているといえるのだ。**

その意味でも、金森さん自身、現役時代の晩年を野村監督のいたヤクルトで過ごしたために、「力が衰えても成績を残すためのコツを学ぶことができた」と言っている。天才型ではなく、努力型だったからこそ、野村監督は多くの言葉の処方箋をもっているのだろう。

人間をダメにする方法。それはほめることだ

野村監督は、ほとんど人をほめることをしない人だ。「人間をダメにする方法、それはほめることだよ」とまで言っていた。

人は、少しでもほめられれば、その時点で心に必ず慢心や、「これでいいんだ」といった現状維持の気持ちが無意識のうちにも働いてしまう。その瞬間に、その人の進歩も止まってしまう、というのが監督の考えなのだ。

ユニフォームを着ている間は、いつでも向上心をもたなければならない。その向上心がなくなったときが、ユニフォームを脱ぐときだ、とも言っていた。

だから私たちコーチにも、「やたらと選手をほめるんじゃない」と指導していた。

コーチにとっても、選手をほめていれば楽だし、ほめられた選手も気分がいい。しかしコーチの仕事は、そんなものではないはずだ。言いたくないことも、嫌がられることも、相手にとって必要なことはしっかり言える資質が求められているのだ。

山本五十六の名言でもある「やってみせ、言って聞かせて、させてみて、ほめてやらねば、人は動かじ」についても監督は、「これはアマチュアの発想だ」と指摘していた。

「プロというのは当たり前のことを当たり前にやらなければいけないんだ。プロならやってみせなくても、ほめなくても、しからなくても、自分の仕事をやってくれないと困るんだよ」

と言っていた。

なかには、厳しく指導されるだけではやる気がもたない。たまにはほめてほしい。そんなふうに考える人も当然いるだろう。

しかし、そういった人たちには厳しい言い方かもしれないが、プロとしての意識が少し薄いのではないだろうか。プロであるなら自分がやりたくてやっている仕事なのだから、進んで精進するのも当たり前だ。誰かに頼まれているわけでもないのだから、やるからにはほめられなくとも、生活していくために絶えず上のステップを目指して励むことが当然である。

だからそういった**向上心に水をさすような、「ほめること」だけはするな**、というのが、プロ集団のなかに長年身をおいてきた監督の考え方なのであろう。

相手を決めつけるな、簡単に理解できると思うな

野球というスポーツが団体競技である以上、チーム内の相互理解を深めることが重要だと、野村監督はよく語っていた。

そして相互理解を促すためには、以下の点を念頭におくようにと指導していた。

・人間同士はなかなかわかりにくいものと覚悟すべき。だから、人を判断・理解するのに結論を急いではいけない

・相手をより理解するよう努め、自分も相手に理解してもらうよう努める

「人を判断するのに結論を急ぐな」という教えは、固定観念や先入観を排せと言い換えることができる。

とかく人は相手を理解した気になって、「こういう人だ」、「こういう選手だ」と決めつ

けてしまう傾向があるが、そんなに簡単に人というものは理解できないということを肝に銘じておかねばならない。

「野球選手」を見ていく場合でも、その選手に対する安易な決めつけや、先入観にとらわれると、隠れた潜在能力を伸ばすこともできなくなってしまう。

「野村再生工場」などはいい例だ。

監督が他のチームで見限られた選手でも、その選手を先入観で見ることをしないから、新たな面を開発して再生していけるのだ。

また、相手に自分のことを理解してもらえるように、つねにコミュニケーションをとって、自分からしゃべりなさいということもよく言っていた。

しゃべらない人間は何を考えているかもわからないから、まわりもどうコミュニケーションをとっていいかわからない。だからどんどん話して、まわりに自分がどういう考えをもっているかをわかってもらうようにすべきなのだ。

監督は、

「寡黙な野球選手はダメだ」

とまで言っていたのだが、コーチについても、

「しゃべらないコーチはいちばんダメなコーチだ」

とも指摘していた。

コーチは中間管理職という立場であるから、下は選手たち、上は監督に自分の考えを十分わかってもらい、意思疎通を図ることそのものが仕事ともいえる。だから、

「選手は体を動かしてなんぼだが、コーチは口と頭を動かしてなんぼだぞ」

と監督によく言われたものだ。

こういったコミュニケーションに対する監督の考え方の基本は、すべて**「人同士がわかりあうことは難しいことなのだ」という前提からスタートしている。**

私も曲がりなりにも管理職を務めた立場の者として、この大前提を胸にいつも指導していたつもりだ。

家族への思いが、すべての成功の基本である

野村監督は家族愛が深い。これは監督自身の原体験からくるものだと思う。

以前、監督に、

「もし家族が病気で倒れてしまって、危篤状態になってしまった日に、試合があったとしたら、監督ならどちらを選びますか?」

と聞いてみたことがある。誰よりも野球好きで、プロとしての厳しさを説く監督だから、きっと「試合を取る」と答えると思っていたら、

「家族を選ぶに決まっているだろう」

と、予想外の答えが返ってきたことがある。それだけ、家族に対する愛情は深いものがあるのだ。

08年のシーズン中、リック・ショートのお父さんがバイク事故を起こし、命が危ないという知らせが入った。シーズンも終盤で大事なときだったのだが、監督にこの一件を報告

すると、

「すぐアメリカに帰してあげなさい」

という答えが返ってきた。

リックもチームが大事な時期だっただけに迷っていたようだが、監督のこのひと言を聞いて、すぐにアメリカに帰国したのであった。

こういった「家族に対する愛情」は、野村監督がここまで球界で成功を築いてきた原動力にもなっている。貧しいなか、女手一つで育ててくれた母親に楽をさせてやりたい。そんな強烈な思いが、妥協することのない厳しい鍛錬を可能にしたのかもしれない。だからこそ、**「家族を大切にできないヤツは、成功するわけがない」**とまで、どこかで思っていたフシがあると私は感じていた。

また、こんなエピソードもある。息子の克則を引退させる際、楽大の球団関係者が監督に、「克則を起用すると、他の選手からえこひいきと受け取られかねないから、起用するのをやめてほしい」と伝えたのだ。すると監督は烈火のごとく怒り、

「ひいきして何が悪い！　自分の息子なんだから、えこひいきして当然だろう！」

と怒鳴ったのだ。

長嶋茂雄さんが93年から巨人の監督を務められたころ、息子の一茂が巨人に移籍することになった。その際、実際にどうかは別としても、「他の選手と一茂が同じくらいの力量だったら、一茂は起用しない」と周囲の人、そして一茂本人にも言っていた。

しかし、野村監督はこれとは逆で、「他の選手と克則が同じくらいの力量だったら、克則を起用する」と言ってはばからなかった。


普通の日本人ならば、長嶋さんのように言うに違いないが、野村監督は親としての本音の部分を平気でさらけ出してしまうのだ。またそれをできるのが、野村克也という人間なのである。

これを聞いてみなさんはどう思うだろう？　他の選手の目や周囲からどう見られているかを気にすることなく、堂々と「息子が大事だ」と言いきれる監督の言葉に、納得してしまう親御さんもいるのではないだろうか。

ハングリー精神のないいま、何を支えに自分を磨くか

野村監督は太平洋戦争後の物資が豊かではない時代に育ったということもあり、「いまよりいい暮らしをするためにも、絶対にお金を稼いでやるぞ！」ということが、生きていくうえでの原動力となっていた。

実際に、監督も戦争でお父様が亡くなられていたこともあり、「将来は野球選手になってお金を稼いで、家族に楽をさせてやるぞ」という思いがつねにあったという。だからこそ、「1年でも長く野球の世界で食べていくためにも、もっと野球を勉強しよう」と貪欲になれた。

しかし、いまはモノに恵まれている。何もなかった昔と同じような気持ちで若い人たちにハングリーさを求めても、それは酷というものだ。貧困とはかけ離れた生活を送っている人たちが大半だろうし、ましてや貧乏といったって、昔ほどひどいわけではないだろう。

では、いまの若い選手たちはどういったことを励みにがんばっていけばいいのだろうか。監督に言わせると、「人に対する感謝の気持ち」がこれからの若い人たちにとっての原動力になるだろうと言っていた。

つまり、野球を心おきなくやらせてくれている両親や、指導してくれている監督やコーチ、応援してくれる仲間など、そういった世話になっている人たちに対する「ありがとう」という思いが、夢を追いかけ、必死に努力するための原動力になるはずだと、監督は考えていた。

いい例として、世間ではいろいろとバッシングを受けていた時期もあったが、ボクシングの亀田親子のことは、監督はとても評価していた。長男の興毅君が日本タイトルのベルトを獲得したときに、「このベルトはまだ世界ベルトじゃない。こんなんじゃまだ親父は喜ばへんよ」とコメントをしていたのが、監督と奥様の沙知代さんの琴線《きんせん》に触れたというのだ。

「亀田君は世間からあれこれ言われているけども、親に対するありがたみの心をきちんともっているから、彼らは見どころがあるぞ」と、ときおり言っていた。実際に、世界チャンピオンにもなっているのだから、その言葉にも説得力がある。

反対に自分のことしか考えていない選手というのは、大成しない確率が高い。なぜなら自分中心の考え方しかできない人間は、目標に対してもいまひとつ粘りがない。周囲に気配りのできない人間になってしまいがちなので、サポートしてくれる人もまわりにつくることができないことも多い。

それが親のことを考えている選手であれば、野球でなんとか成功して給料を上げてもらい、親に恩返しをしたいという思いが、強烈なモチベーションとなり、真剣に野球に取り組むようになる。その結果、大成する確率はグッと高くなるのだ。

いまの若い選手は本当の貧乏は経験していないだろうから、どうやってハングリー精神をもたせようかと、監督はいつも思案していたが、行きついた結論がこれだったのである。

野球にかぎらず、**人は多くの人たちに支えられて成り立っている。それに対する「感謝の心」が人を駆り立て、結果、その人間を大成させていくのではないかと思うのだ。**

「スランプ」と「技術力不足」をはき違えるな

年間144試合もあれば、いつでもずっと好調を維持できるわけではない。しばらくホームランが出ない、ヒットも出ないといった「スランプ」に陥る選手もなかにはいる。そういったスランプに対しては、どのような対処をしたらいいのだろうか。

野村監督のアドバイスはいたってシンプルだ。

「スランプになったら汗をかけ、汗が出なかったらグラウンドを走れ」というものだ。

スランプといっても、ほとんどの場合は疲労などの体調面のアンバランスが要因となっていることが多い。

だから、しっかり汗をかいて、コンディションを整えることに努めなさいという意味がある。

バッティングの不調脱出のためだったら、バットを振ったり、ボールを打ったりすることでどうにか技術の改善を試みようとしがちだが、逆にそういうことで深みにはまってしまうことが多いのだ。

だからこそ、一度打つことから離れて、しっかり走りこんで体調を戻し、下半身を強化してからあらためてバッティングに入ったほうが、スランプから脱出するには近道だと監督は言っていた。

だから楽天では、ベテランの山﨑武司などはよく走らされていたものだ。そのうち、走って不調から立ち直っていく方法を、自分なりにも感覚としてつかんだのだろう。調子が落ちてきたなと思うと、放っておいても自分から、よく外野を走るようになっていった。

それを見ていた中堅の選手たちも、山﨑のまねをして、調子の悪いときはよく走りこみをするようになっていき、これはチームの伝統のようなものになっていった。

ただ、「スランプ」という言葉を安易に使うことには、注意が必要だ。

主力選手が打てない時期が続いたり、またいくら投げても早々とノックアウトを食らって勝てない時期が続いたりすると、マスコミはこぞって「あの選手はスランプだ」と書き立てることがあるが、ほとんどの場合、「スランプ」などではなく、「技術的に劣っている」だけのこともある。

野村監督はよく、

「ヘボにスランプはない。スランプがあるのは一流選手だけだ」

と言っていた。

打てないのはスランプではなくて、あなたの実力だ、というわけだ。だから、楽天でも監督がスランプというふうに認める選手は山﨑や鉄平、草野大輔くらいしかいなかった。

不調と技術力不足を混同してはいけない。

スランプの人間にはその脱出法もあるが、技術力の不足している人間が、スランプ脱出法をしても意味がない。技術を磨くために練習をし、頭を使って工夫をしていくことでしか道は開けないのだ。

行き詰まってしまった選手に対する監督の親心

投手、野手にかぎらず、どんなに素晴らしい能力をもっていたとしても、1軍の試合に出場できないようでは、宝の持ち腐れとなってしまう。それが鳴り物入りで入団した選手だったりすると、なおのことももったいない。

楽天で言えば一場靖弘がまさにこのタイプに挙げられる。一場は桐生一高、明大を経て、2004年ドラフト1位で入団してきた。つまり、楽天の創設初年度のドラフトで指名されたのである。

この年の楽天の成績は散々だった。100敗しなくてよかったといえるようなチーム状況のなか、一場は投げ続けた。ところが、プロは少しでも甘い球がくると難なく打ち返されてしまう。高校、大学時代、打者を手玉にとっていた投手であっても、プロのレベルの高さを痛感させられたに違いない。

彼にとって同情すべきことは、このプロ1年目、2年目に負けすぎたことだ。とにかくチームの戦力も整備されていない時期だから、どんなに負けが込んでも、1軍で投げ続け、結局、1年目は2勝しか勝てず、9敗も喫することとなったのだ。この経験が、少なからず現在までつづく不調の原因になっているように私には思えるのだ。

一場は2年目以降、つまり野村監督が就任してからも、その才能が花開くことはなかった。それどころか、年々投手としての質、レベルともに劣化しているのではないかとさえ思えたほどだ。

一場が不振のとき、私も大学時代の投球ホームのビデオをチェックする機会があったのだが、「これが同一人物なのか⁉」とびっくりしてしまうほどだった。大学時代はカウントが悪くなっても、スライダーでいとも簡単にストライクをとれていた。だからたとえ打たれることがあっても、大崩れするようなことはなかったのだ。

しかしそれがいまでは、カウントが悪くもないのに、スライダーを投げるととんでもないワンバウンドを投げてしまうこともある。技術以前に、精神的な部分でずいぶんおかしくなっているな、という印象だった。こんな状態だから、当然首脳陣からも信頼など得られるわけがない。

あまりの状態の悪さに野村監督も、「一場はもう環境を変えてあげないとダメなんじゃないか」と言うしかなかった。それで成立したのが、昨年のヤクルトへのトレードなのである。

監督も一場の潜在能力には多大な評価をしていた。それにもかかわらず、活躍できなかったことは、見ていてさぞかし歯がゆい思いをしていたのだろう。

こんなふうに、「環境を変えてやったらどうかな」と監督が言うシーンは、少ないながらこれまでにも幾度かあった。実際にはトレードまでは成立しなかったが、ヤクルト時代の山部太や山本樹などだ。

なんとかいい選手に育ってほしい、そんな思いで指導をするのだが、不調の迷路に入りこんでしまい、精神的にも追い詰められてしまう選手がいることも確かだ。せっかくいいものをもっているのに、それを開花させることができない。そんなときは、**すべての環境を変えて気分一新することで、活路を見いだすことが選手にとってもプラスではないのだろうか。**選手のことを本当に思っているからこそ、監督にはそのような親心があったのだと思う。

「恥の意識」で人は成長する

「プロとして恥ずかしい」、このフレーズは野村監督の口から幾度となく聞いた言葉だ。

当たり前のことを、当たり前にやることがプロ野球選手であると、野村監督は定義していた。

だから、当たり前のことを、当たり前にできなかったら、プロとして恥ずかしいと思え、とよく言っていたのだ。

そういったプロとしてのプライドからくる「恥の意識」があって、人は成長していくものだと監督は考えていた。

要するに、恥ずかしいと思わないということは、「まあ、これでいいや」という現状維持につながってくる。現状に満足してしまった瞬間、人というのは成長が止まってしまうものなのだ。

だから「恥の意識」こそ、人間が成長する原動力と考えていた。

これは何も、プロ野球選手にかぎったことではないと思うのだ。どのような仕事をしている人であれ、それで日々の糧を得ているのであれば、その道のプロといえるのではないだろうか。

自動車販売の営業をしている人であれば、車を売ることにかけてはプロである。企業のなかで経理を担当している人だって、経理のプロといえるだろう。

そういったそれぞれの仕事にプロ意識をもち、何か失敗や課題にぶつかったときに、「まあ、これでいいや」と思うのではなく、**「プロとして恥ずかしい」と考えることができるかどうかが、その人が成長できるかどうかの分かれ道だと思うのだ。**また、そういった恥ずかしさを、バネにしろということなのかもしれない。

野村監督が言ったプロの条件である、「当たり前のことを、当たり前にやる」という言葉は、考えれば考えるほど奥が深い。口で言うのは簡単だが、実践するのはとても難しいことだと、私もいまさらながら痛感している。

「監督ミーティング」が必要のない人間とは

ここまでも述べてきたように、「監督ミーティング」とは、選手個々人がその能力の限界からさらにひと皮むけるための考え方や人生観、さらにはデータを重視した独自の野球学を指導する場だった。

そしてこの「監督ミーティング」では最初に、このミーティングが必要ない人ということで、いくつかのタイプを挙げていた。

「このミーティングが必要ない人」

①天才打者で、技術だけで好成績を残せる人。すなわち自分のテーマを技術だけにおいても好成績を残せる人

②天才的な選手や、高い実力をもった選手を集めた誰の目にも強いチームと評されるようなチームの首脳陣

③向上心をもたない人

①のタイプとして具体名を挙げるとすれば、それはイチローである。

監督もイチローだけは別格だとも言っていた。1994年に210安打を放ち、彗星のようにデビューした後は、7年連続で首位打者を獲得し、2001年に海を渡ってメジャーデビューしてからも毎年200本以上のヒットを打っている。

マウンドからホームベースまでの距離は18・44mで、投手の投げるボールは0・2、3秒とあっという間にホーム上にたどりつく。それをイチローは監督の言うところのデータや読みなどを用いずに、感覚だけで球種を判断し、ストライク、ボールを見極め、バットコントロールを行なっているのだ。これはもう天才というほかはない。

このような才能だけで結果を残せる選手には、いかなる教えもいらないのかもしれない。

野村監督の教えとは、そういった雲の上の人たちを対象としたものではなかった。もって生まれた才能の限界にぶつかった選手が、どうやってさらに自分をステップアップさせればいいのか。そのときに、技術力とは違う、データや「読み」といった「無形の力」によってさらなる結果を出していくためのノウハウを説いたものであった。

第2章

「無形の力」を駆使する野村野球の神髄

「データの落とし穴」にはまってはいけない

野村監督はとにかくデータの必要性を重要視していたのは、これまでお話ししてきたとおりであるが、相手バッテリーの配球を研究していると、投手の傾向はつかめてくるものだ。

たとえば得点圏に走者がいるケースでは、0－2、1－2のような打者有利のカウントになった際、投じてくるボールはほとんどがスライダー系統の変化球で、真っすぐを投げてくることはほとんどない。ところが、走者がいない状況だと、同じく打者有利のカウントになったとしても、真っすぐを投げてくることが多い。

こうして打者有利のカウント、投手有利のカウント、走者の有無、得点圏に走者がいるかどうかなど、状況別に分析していくと、投手のストライクの取り方や打者への決め球（ウイニングショット）を投じるパターンというものが、おのずとわかってくるものである。

そうしたなかで、気をつけなければならないのは、「データの落とし穴」にはまらない、という点だ。

「データの落とし穴」とは、簡単に言ってしまえばこういうことだ。あるバッターに対し、ある状況下で、これまでかなりの確率でスライダーで打ち取っているというデータがあったとする。

そうすると、また同じような状況下では、データを重視してキャッチャーはスライダーを要求することがある。が、しかし、今度は打者に痛打されてしまった。要するに打者も同じやられ方をしてたまるか、ということで対処してきたわけだ。

こんなときはベンチからキャッチャーに対して、「お前、いい加減考えろよ。バッターだってバカじゃないんだから」と指導を受けることになる。これを、「データの落とし穴」にはまった、という言い方をするのである。

しかしこういった指摘は、結果論でものを言っているように、選手にとられないよう、コーチとしては気をつけなくてはならない。なぜなら、逆に、データを無視してスライダー以外のボールをキャッチャーが要求して打たれてしまったら、「なんでデータを無視するんだ」という指摘になってくるわけだからである。

ここで大事なのは、このバッターが、スライダーを狙っていれば打てるのか、それともスライダーとわかっていても打てないのか、どちらなのかということだ。単純に言ってしまえば、わかっていても打てないのであれば、そこにデータの落とし穴はないわけだ。こういった**打者の力量の微妙な判断は、キャッチャーの洞察力や観察力にかかっているといえる。**

これは実戦で打たれながら覚えていく面もたぶんにある。ヤクルト時代、古田敦也はよく、勝敗がすでに決まって余裕のあるゲームのときには、実戦でいろいろと試していたものだ。スコアラーが言っている「あの選手はこのボールが打てない」、「このコースは好きなところだ」といった情報を確認するため、あえてそういう配球をすることもあった。

もちろんデータに100パーセントはないのかもしれないが、「データの落とし穴」を可能なかぎり避けるためにも、こういった事前の分析と準備が欠かせないともいえる。

現場での確認作業があってデータは生きる

これはもう有名な話だが、松井秀喜が鳴り物入りでジャイアンツに入団し、1軍へと上がってきたときのこと。野村監督から「内角が打てるかどうか試してみろ」という指令が下り、実戦で高津が指示どおり投げて、見事にホームランを打たれたことがあった。監督もベンチで、「ああ、やっぱり打つんだな」と、スコアラーからのデータを確認したということがあったのだ。

前項でも、古田が勝敗の決まった試合で、スコアラーからの情報をいろいろと実戦で試していたという話をしたが、このようにデータとは、現場での確認作業があってはじめて確かなものとなるといえる。

年間144試合もあれば、そのなかにはもう勝敗が決まってしまったような試合も出てくるので、そういう試合をうまく使うのだ。

やはりいろいろなデータを集め、ある傾向を導き出したとしても、それがはたしてどれほどの確度があるものなのかは、実際に試して確認してみないとわからない。

終盤のペナントがかかったような時期に、試合のなかで大きな決断を迫られるような局面を迎えることもある。そういったときにはいやが応でも、このデータは使えるものなのかどうかといった決断をしなければならない。

そのときに最良の判断ができるよう、シーズン序盤で試合展開を見ながら、そういう確認作業をするのである。

言ってみれば、**大事なときに判断がつくよう、大事ではないときにデータを試すということだ。**

ただ、こういった確認作業も、ピッチャーの力量に左右されるということもつけ加えておこう。高津のようなコントロールのよいピッチャーだから、狙ったとおりにボールがくるので、キャッチャーも確認作業ができるのだ。

正直言って楽天時代、そういうことができるピッチャーはあまりいなかった。ましてやゲームが決まったような状態で投げるピッチャーということになると、なかなか難しいものがあったのも事実だ。

武田勝と成瀬のクセを見破るための攻防

野村監督は単に野球の技術だけではなく、データをもとにした頭脳勝負を推奨しており、それらのことを「無形の力」と呼んでいた。

相手投手のクセを盗むことも、「無形の力」であり、監督自身も現役時代、必死になって相手のクセを発見しようと努力したという。

「なくて七癖」というくらい、人には隠しきれないクセがあるが、特に野球においては、どんなになくそうとしても、ほんのささいなクセがすべての選手に必ずあるものだ。

たとえば投手の場合だと、振りかぶって投げていたときにはわからなかったクセが、走者が出塁した途端に、真っすぐと変化球を投げる際のグラブの位置が微妙に違っていたり、腕の位置がほんの少し上下したりとか、ほんのわずかだが違いがわかるものだ。

ただし、映像やベンチからは見破れても、実際にバッターボックスに立つと、クセが見破られないなんてことだってある。そこでクセを見抜くにしても、いろいろな角度から確認しておかなければならない。

日本ハムの武田勝の例で話そう。武田といえば左から投げるチェンジアップがどうしても打てず、これまで苦しめられてきた。一時期は日本ハム戦で先発が武田勝とわかると、「うわっ、今日は打てないぞ」などと尻込みする選手さえいたほどだ。せめてチェンジアップがくることが事前にわかれば、まだ対処できる可能性も見えてくる。そこで私は、なんとかクセを見抜こうと徹底的に分析することにした。

するとある点に気がついた。武田勝は走者がいようがいまいが、セットポジションから投げているのだが、セットで構えたときに、真っすぐを投げるときとチェンジアップを投げるときの右手と左手の角度が微妙に違っていたのだ。これがバックネット裏から撮影した画像で発見できたのである。

だが、バックネット裏からわかっても、バッターボックスからわからなければ意味がない。念のため、「武田はこういうクセがあるからよく見ておけよ」と打者全員に伝えておいたところ、なんと山﨑武司が武田勝から本塁打を打ったのだ。

そしてベンチに帰ってくるやいなや、「見えましたよ！」と喜び勇んで言ったのである。しかも右の山﨑だけでなく、左打者も同様に武田勝のクセを確認できたのであった。

結局、この試合は武田勝を打ち崩して、勝つことができた。

ところが、である。相手も簡単には引き下がらない。２週間後、武田勝と対戦することになったときには、前回〝見抜いたはずの〟クセを、ものの見事に修正していたのだ。武田勝は、セットポジションで構えたときの形を、根本から変えてしまい、以前とはまったく違う構えをしていたのである。結局、この試合は武田勝に抑えられてしまった。

話はこれだけで終わらない。武田勝は社会人のシダックス時代、巨人の野間口貴彦とともに野村監督の薫陶を受けた選手だったので、試合前になると必ず楽天ベンチまで来て監督にあいさつをしていた。

武田勝に再び抑えられてしまったあとのこと、いつものように監督のもとにあいさつにきた武田が、「僕の投げるときのクセ、もうわからなくなったでしょう？」と得意げに話したそうなのだ。

これを聞いて怒り心頭だったのが野村監督である。楽天の選手たちに向かって、「武田の情報を漏らしたのは、いったい誰だ！」と問いただしはじめた。苦労して見抜いたクセをいとも簡単に修正されてしまったので、監督としては腹わたが煮えくり返る思いだったに違いない。このとき、私たちはただただ苦笑いするしかなかった。

これと同じことは、千葉ロッテの左腕エース・成瀬善久にも見られた。成瀬は横浜高から03年に入団した、西武の涌井秀章の1学年上の先輩にあたる選手だ。

その成瀬のクセを見つけることも、私にとっては大きな命題だった。しかし、膨大なビデオを分析してみたものの、なかなか見つけることができない。

あきらめかけて、ビデオをボーッと見ているときに、「あるクセ」を発見した。それは成瀬の「視線」であった。成瀬はセットポジションに入ったときに、視線が真っすぐキャッチャーミットを見ているときにはストレートを投げていた。ところが、2、3m下を見てからキャッチャーミットを見たときには変化球を投げていることに気がついたのである。

最初は、「どうして成瀬は、投げるときにこんなに視線を動かすんだろう?」と不思議に思っていたのだが、目線の動きと投げる球種を照らし合わせていったら、ものの見事にクセということが判明したのだ。これも全員の打者に伝えたところ、バッターボックスからでも確認でき、見事に成瀬を攻略することに成功した。

プロは力と力との勝負だけでなく、タヌキとキツネの化かし合いという一面もある。クセを見破り修正し、さらに見抜いて再度修正していく……その繰り返しなのだ。

貴重な情報を、チームに還元しやすい環境をつくる

投手、打者にかぎらず相手選手のクセを探すのは容易なことではない。だが、もしクセを発見したときには、「貴重な情報なんだから、チームで情報を共有するようにしなさい」と野村監督から言われていた。

昔の選手のなかには、ピッチャーのクセを発見しても、まわりに言ってしまったら自分だけがいい思いをできないと考え、黙っている場合もあったのだ。でもそれではチーム全体のためにならない。だから、共有しようということになったのだ。

私自身、現役時代にクセを見抜いて、野村監督からほめられた経験がある。

当時、ヤクルトでは、同一チームと3連戦あるうちの初戦が終わったとき、何か気づいたことがあれば、首脳陣に報告しておくというのが習慣となっていた。

そして初戦のとき、私は相手チームの攻撃時、3塁コーチのサインを出している傾向で、「ユニホームのここところを触ったら、ヒットエンドランのサインなのかもしれない」と

いうことに気がついた。念のためと思って、首脳陣に伝えたところ、「そうか。もし試合中に走者が出たら、間違ってもいいから知らせてくれ」と言ってくれたので、2戦目も3塁コーチャーの動きを注意深く見ていた。

すると、前日と同じように、触った箇所を確認していたら、ヒットエンドランのサインであることが確認できた。「橋上、どうなんだ？　エンドランのサインだったか？」とコーチに聞かれたので、「そうです」と答えたら、まず投手に1塁へけん制球を投げるように指示した。なぜこうしたかというと、けん制球を投げたときには、もう一度、3塁コーチから打者へサインを出すことになっているからだ。

すると、動作がその前のときと変わらない。これで「ヒットエンドランのサインだ！」と確信した。そこでベンチから捕手の古田に、「1球ウエストボール」のサインが出て、見事に相手走者を2塁手前でアウトにしたのである。

試合後、野村監督から、「お前はクセや相手チームの動きを見抜くのが好きなのか？」と聞かれたので、「試合に出場していないときには、ベンチで相手の動きを観察しているのも仕事の一つだと思っています」と答えると、「そうか、それはいい傾向だ」とほめてくれて、数万円の監督賞をいただいた。

野村監督は楽天でも、誰かがある投手のクセを発見したらしいという話を聞くと、「おい、オレにも教えろ、教えろ」と、とても興味を示していた。そして、発見したクセからこちらの作戦が成功したりすると、たいへん喜んでくれた。そのため我々コーチ陣も、そういったクセを見破ることに、一生懸命に取り組んでいたのだ。さらには、その見破ったと思われた情報が、実は間違いであっても、けっして責めたりはしなかった。

たとえば試合前に、今日のピッチャーはけん制球をするときに、こういうクセがありますす。これまで8回こういうクセが出たときに、8回ともけん制でした、といったような報告をすると、「まぁ、試してみろ」ということになるのだ。

しかしそれが、実戦で9回目に違う結果となり予想をはずしたとしても、怒ることはなかった。確率的にはいままでなかったものが出てしまったのだから、仕方ないというふうに言ってくれることさえあった。

こういう雰囲気だからこそ、我々選手もコーチも、こういった情報を収集しようと懸命になるし、もしなんらかのクセらしきものに気づいたとしたら、上層部へもすぐに進言しやすい雰囲気であった。**このようなチーム全体にとっての貴重な情報を、共有しやすい環境をつくっていくことも指導者の務めなのだろう。**

誰であっても教えを請いにいく素直さ、貪欲さ

2月のキャンプシーズンになると、大勢の野球評論家の方たちがキャンプ地に取材に訪れる。投手陣に目を向けると岩隈久志や田中将大、打者では山﨑や鉄平らを筆頭に、注目選手がいたから、そうした選手たちの調整具合を見ておきたいという思惑もあったのであろう。

評論家はみな、現役のころに数多くの実績を残されてきた方ばかりだから、野村監督も「おい、あの選手に一つアドバイスしてやってくれよ」と、積極的に声をかけていた。たとえば、現在千葉ロッテの投手コーチを務められている西本聖さんが評論家だったときには、「おい、あの投手にお前さんの得意球だったシュートを教えてやってくれ」と言っては、ブルペンで握り方を逐一アドバイスさせていた。そうかと思えば、江川卓さんが訪れると、「お前の得意な投手心理とやらを、あいつに伝授してやってよ」と気さくに声をかけていた。

もちろん選手たちにも、キャンプが始まる前に、「キャンプ中は必ずOBや解説者が来るから、どんなことでもいいから話を聞きに行ってヒントを聞き出しなさい。何かプラスになることがあるかもしれない」と指示していた。

その際、担当のコーチに対しても、「選手たちが外部の人間に指導を受けるが、嫌な顔をしないように。むしろ、選手が教えてもらうその場にコーチもついていって、教えてくださいと頼めば、相手の解説者やOBも気兼ねなく教えてくれるから」とつけ加えていた。

そうなれば、選手はもちろんのことコーチも自分の知らない技術や理論を新たに知ることができるまたとない機会なのだから、一石二鳥である。

こうしたキャンプ中の教えは、特に技術の未熟な若手選手に功を奏した。永井玲や青山浩二といった若手投手には、西本さんから新たな球種を教えてもらうことができたうえに、投球の幅が広がったのだから、効果てきめんであった。

プラスになると思われる技術や知識は、チーム内外を問わず貪欲に取り入れていく。何か教えを請うべき相手がいるのなら、**へんなプライドや恥ずかしさなど捨てて、素直に頭を下げて教えを請いに行くという姿勢**に、野村監督の技術向上への貪欲さが表れているといえるだろう。

1軍選手と2軍選手の境目とは

2軍の選手を1軍に上げる際、監督に根拠のある説明をしないと、監督はけっして納得しなかった。では、コーチは2軍の選手のどこをチェックすればいいのだろうか。そのポイントというものもある。

まず投手の場合だが、変化球を多く投げる技巧派の投手がいたとする。こういうタイプの場合、打者有利のカウントになったときに、「どうやってカウントを整えていくのか」をチェックしていた。つまり、0－2、1－2、1－3といった、投手から見て不利なカウントのときに、真っすぐで簡単にストライクを取りに行こうものなら、打者に読まれて打たれてしまう可能性が高くなる。

しかし、カーブやスライダー、チェンジアップなどといった変化球でストライクがとれるなら、打者はタイミングを外され、打ちとる確率はグンと上がってくる。

よくプロ野球の世界では、**「投手が困ったときに、真っすぐ以外の1種類の変化球でス**

トライクがとれる投手はシーズンで5勝、2種類の変化球でストライクがとれる投手はシーズンで10勝できる」と言われている。

これには理由があって、投手だけでなく、実は捕手の配球にも好影響を及ぼしてくるのだ。つまり、配球の幅が広がってくるから、打者も球種を絞りにくい。そうすると簡単に打てなくなってくるのである。

アマチュア時代、真っすぐに自信のあった投手であっても、プロに入って何年かすると変化球も織り交ぜた投球へと変わっていくのは、そうした背景があるからなのだ。

また、打者の場合だと、たまたま2軍の試合を見たときに、4打数ノーヒットだった選手というのは、判断しづらい。どんなにいいと言われている打者であっても、その日はたまたま安打が打てなかっただけなのかもしれない。それだけで、「彼は1軍には呼ばない」と言うのは、あまりにも短絡的すぎる。

そこで、打者の場合は、

①打撃フォームが崩れていないかどうか。

②配球をきちんと読んで打っているか。
③変化球への対応もきちんとできているか。

といった箇所を中心に、チェックしていた。
こうした点をチェックポイントに掲げておけば、たとえその日の試合は無安打だったとしても、よいところを見落とすことも少なくなる。

そして守備固めなど守りを重視した補強を行ないたいと考えているときには、試合前のシートノックを見て、各選手の動きをチェックしておくようにしている。どんなに足が速い、守備がいいというふれこみを伝え聞いていても、当日の試合のなかで打球が飛んでこなければ判断しようがない。そうしたことを避けるためにも、試合前のシートノックのチェックは欠かすことのできないチェックポイントなのである。

動くと見せかけ、動かない監督が有能である

試合がひとたび始まれば、監督の仕事とは、刻一刻と変わる状況を判断し、さまざまな采配をふるっていくことである。

そういった采配において野村監督は、

「監督というのは、数少ない作戦が成功した快感をいつまでも忘れられず、つい作戦を敢行したくなるものだから、気をつけなければならない」

と自分への戒めもこめてよく指摘していた。

「ヘボな監督ほど、動く」、「動きたがる監督はヘボだ」というフレーズも、監督がよく使う言葉だった。

野村監督というと、策略に長《た》けていて、さまざまな作戦を仕掛けてくるようなイメージがあるが、実際は違う。定石に基づいたオーソドックスな作戦をとることが多かった。ただ、「何か仕掛けてくるぞ」、「奇策をやってくるぞ」といった相手の警戒心は、意図的に

あおっていた。

つまり野村監督は、**よく動く監督がヘボで、動くと見せかけることができる監督が優秀な監督**だと考えていたのだ。

野村監督はよく、キャンプの終盤など他チームのスコアラーが偵察でくるような時期になると、いままでやっていなかったような特殊なサインプレーをやってみたりすることがあった。それは定石では考えられないような奇策なのだが、それを見たスコアラーが自分のチームに帰って、「今年の楽天はこんなことをやっている」と報告することを狙っての「奇策」でもあった。

そして今度はダメ押しとして、オープン戦かシーズン序盤で、同様の状況になったとき、その作戦をわざとやるのだ。

これで、相手チームはシーズン通して、「この状況ではこんな手を使ってくるかもしれない」と警戒するのだ。

もちろん自軍の選手たちからは、こんなサインプレーを練習したって、「1年に1回も使わないだろ」と疑問が出ることもあるので、その際は、これはあえて相手の偵察の警戒感をあおるためにやっているることだからそのつもりでやってくれ、と私たちコーチのほうから説明していた。

監督は、

「キャンプ中から『野村は何かやってくるぞ』と見せかけて、シーズンに入ったら何もやらないというのがいちばんいい。相手が警戒心をもってくれるだけでプラスなんだ」

と言っていた。

奇襲があえて必要となるのは、相手チームとの実力差を考えたときに自分のチームが明らかに弱いときだけだ。それでも成功する確率はきわめて低いだろう。だからこそ大切なのは、「動くと見せかけて、相手を混乱させること」なのである。

リーダーは考え方の基準を部下たちに示さなければならない

野村監督は選手たちに、

◎チームに役立つこと
◎相手が嫌がること

を基本に考えてプレーするようにと、よく言っていた。

さらには、監督がこの状況で何を望んでいるのだろうかと悩んだときは、「相手がいま、何をされたらいちばん嫌がるか」を第一優先で考えなさいと指示を出していた。それが、監督の望むことにいちばん近いはずだからだというのだ。

つまり、選手やコーチたちがものごとを考える発想の基本となるのが、「相手が嫌がること」なのだ。

私たちコーチも、次の日の試合の対策を考えるときは、「相手ベンチがどうされたら嫌がるか」、「相手ピッチャーはどうされると嫌がるか」を基本にして作戦をたてなさいと監督に指導されていた。

しかしこれは、日ごろから「感性」が磨かれていないと、相手の立場に立って瞬時に考えることができないだろう。バッターボックスに入ったときだけ、「相手は何を嫌がるだろう？」と考えても何も気づかないかもしれない。

やはりそれは日ごろから、そういった視点で感性を敏感にしていないと難しいことだ。古田などはそういった感性が鋭いので、「オレだったら、セーフティーバントをやられるのが嫌だな」などと、瞬時に感じることができるのだ。

このように監督が、チームにおける選手たちの行動の基準を明確にしておくことは、現場が混乱せず、一つの方向に向かっていくのに大いに役立つものだ。組織のおかれたさまざまな状況によっては、その選手たちがどちらの方向に行けばいいのか迷ってしまうことも十分あり得る。

そんなことにならないように、**迷ったときは「相手の嫌がること」**と、考え方の基準を明確に示しているのだ。

「仲間の生活がかかっている」という責任感

野村監督は絶対に怠慢プレーを見逃さず、厳しく叱責した。チームの勝利を請け負っている指導者として、これは当然のことでもあるのだが、その背景にはこういった思いもあった。よく監督は、

「チームワークとは、仲間たちの生活を脅かすことのできない活動である。怠慢プレー、裏切り行為、自己中心的行為、手抜きプレーなど絶対に許されない」

とミーティングで指導していた。誰か野手の手抜きプレー一つで、投げているピッチャーの勝敗が変わったりすることは往々にしてあることだ。勝ち星が一つ減れば、当然、そのピッチャーの来期の年俸にも影響してくる。

だから、すべてのプレーに自分だけではなく、仲間全員の生活がかかっているのだという意識をもたなければダメだと監督は言うのだ。一つひとつのプレーにみんなの生活がかかっていると肝に銘じていれば、手を抜いたりすることはできないものだ。

これは、つねに自分だけではなく、みんなのためでもあるという責任感をもちなさいという意味でもある。

たとえば主力ピッチャーが、「途中で代えてください」、「今日は投げられません」と言ってきても、よっぽどのことがないかぎり、監督は認めなかった。

それだけ高い給料をもらっているのだから、出るのが当たり前だ。それがお前の責任だという意味のことをよく言っていたものだ。

たしかに体調的につらいこともあるかもしれないが、主力選手としての報酬と、チーム内の地位を与えられているのであれば、自分だけの問題ではなく、仲間たちの生活にもそれなりの責任感をもってしかるべきなのだ。

普通のビジネスマンの方にはこういった考え方はピンとこないかもしれないが、会社組織であっても、実態はプロ野球チームとさして変わらないのではないだろうか。自分が手を抜いて仕事のトラブルを招き、会社の損失となれば、他の社員たちの生活にも影響してくるはずだ。

そういう意味でも、**「自分の仕事につねに仲間の生活がかかっている」という意識は、怠慢行為を排除し、強固なチームワークをつくっていくうえでとても重要**だと私は思う。

悔しいからといって、モノに当たっても無意味だ

テレビなどで三振をした打者や、ノックアウトされた投手がベンチに戻ってきて、ベンチを蹴り上げたり、グラブを投げつけたりするシーンを見たことがある方も多いだろう。こうしたことをする選手は楽天では少なかったが、いまでも外国人選手や一部の日本人選手などに見られる光景である。

しかし、野村監督はこうした行為をよしとしなかった。

「結果がよくなくてムシャクシャしているからって、モノに当たるとか、ベンチ内で暴れるとかすると、ベンチのムードも悪くなるから、オレの見えないところでやってくれ」

と言うのである。たしかに一理ある。

監督自身、現役時代に三振をしたり、ミスをしてベンチに戻ってきても、キャッチャーミットを投げつけたり、バットをぶん投げるといった行為は一切しなかった。ミットやバ

ットは大事な商売道具だ。昔の武士にたとえれば、刀に匹敵するくらい大切なものである。それを自ら壊すようなマネをするなんて、気がおかしいとしか思えない、というのが監督の考え方だった。

それに、テレビ中継があったときに、ノックアウトされた投手が、自分自身に腹が立つからといって、ベンチ内でグラブを投げつけたシーンを、プロ野球ファンや野球少年が見たらどう思うだろう？　気分よく思うはずがないし、ましてや少年野球の試合でマネしないともかぎらない。

プロ野球選手は、多くのプロ野球ファンや野球少年たちの模範とならなければいけない。「つねに多くの人から注目されている」という意識をもっていないと、自分のしでかした行為によって、大恥をかくことになるのだ。

ちなみに監督は、

「ミスをしたことを腹立たしく思ってモノに当たるのは、お門違いもいいところだ。**モノに当たるくらいなら、ふがいないプレーをした自分の顔でも殴っておけ**」

と突き放すように選手に言うこともあった。

これはもっともな話である。ふがいないプレーをしたのはすべて自分のせい。それならば、なぜそのようなプレーをしてしまったのか自分自身と向き合って反省することのほうが大切なのである。

指揮官としての監督も、けっしてモノに当たることがなかった。選手がミスをしたり、作戦が思いどおりにいかなかったとしても、他の監督にみられるような、ベンチを蹴り上げたり、壁を殴ったりといったモノに当たる行為をしたことを私は一度も見たことがない。勝負に対する執着心は人一倍あるのだが、その腹立たしさを表に出すことはあまりなかったのだ。

指導者たるもの、野球人としてだけではなく、人としても尊敬されるようにならなければならないと、監督はつねに言っていた。そういった観点からみていくと、モノに当たる指揮官と、モノに当たらない指揮官、どちらが人間的に尊敬に値するかは明らかではあるまいか。

日本で活躍する外国人選手の条件とは

ＷＢＣで日本が２大会連続で優勝したことからもおわかりのように、日本の野球は世界で十分に通用するレベルに向上した。

単純に投げる・打つというレベルだと、メジャーに太刀打ちできないだろうが、緻密さという点においては、日本の野球のほうが上なのではないかと思っている。

その証拠に、昔もいまも「元メジャーリーガー」という肩書きのついた新外国人選手が華々しく日本にやってきたところで、日本で活躍できる保証などどこにもない。むしろ、プライドだけはやたらと高く、日本の野球をハナからなめてかかっているような外国人選手は、元メジャーリーガーだろうとなんだろうと、日本で通用する可能性は低い。

ではどういった外国人選手が日本で通用するのかというと、私が見るところ、中南米の選手のほうが日本の野球に溶け込みやすいのではないかと考えている。

中南米の選手というと、メジャーではヤンキースのアレックス・ロドリゲスをイメージする人が多いかと思うが、日本だと巨人のアレックス・ラミレス、オリックスのアレックス・カブレラはベネズエラ出身、中日のトニー・ブランコはドミニカ出身といずれも中南米出身の選手だ。

彼らは本塁打も打てるパワー・ヒッターである半面、投手の配球を読んで安打を打つ技術も持ちあわせている。つまり、**日本の野球を見下したりすることなく、配球面まできっちり研究・分析して試合に臨んでいるのだ。**

こうした選手は、仮にメジャーでの成績がいまひとつだったとしても、日本で成功する可能性が高い。

また、阪神2位の原動力となったマット・マートンやクレイグ・ブラゼルらも、日本の野球に対し、研究熱心かつ謙虚さがある。だからこそ日本で大成できたのだろう。

これには野村監督も私と同様の見方をしていて、「中南米出身の選手は日本の野球になじもうと、研究熱心な選手が多いな」と感心していたほどだ。己の力を過信せず、また「アメリカのベースボールのほうが上だ」と見下すことなく、謙虚な姿勢で野球に取り組める外国人選手こそが、日本で活躍できる可能性を秘めているといえる。

中間管理職はつねに現場を把握していなければならない

シーズン中、私は何度も2軍のグランドに足を運び、選手のチェックはもちろんのこと、2軍の首脳陣らと情報交換を頻繁に行なっていた。というのも、半年もの長いシーズンを現有戦力だけで乗り切ろうとするのは困難だからだ。そこで、2軍の若手選手らを自分の目で確かめるためにも、こまめに見るようにしたのだ。

なぜ現場まで行って自分の目で確かめるのかというと、たとえば、いくら2軍のコーチが「このピッチャー、ものすごく調子がいいよ。球も切れてるよ」と言っていたとしても、それを鵜呑みにすることができないからだ。

2軍コーチを信用していないという意味ではなく、2軍からの「調子がいい」という報告は、2軍では調子がいいということにすぎない。1軍に上がったときにどうなのか、といった見方はしていないのだ。

それに一概に調子がいいといっても、同じ状態を見ても、見るコーチによって、まったく違う意見になることだってあるのだ。

だからこそ、私自身の目で確かめておかなければならないのだ。

私がいくらいいと推した選手であっても、野村監督がよしと言ってくれないかぎり1軍登録できない。だからこそ、監督から「あの選手のどこがよくて1軍に上げたいと言っているんだ?」と聞かれても、その根拠を的確に答えられなければ意味がない。

「2軍の首脳陣が推薦してきた選手ですので……」などと言おうものなら、「お前は見ていないのか? ヘッドコーチのお前が見ていないのに、どこがいいと言えるんだ!」などとしかられかねない。

監督と話をするからには、伝聞の話ではダメなのだ。中間管理職の私は、私自身の目で見たことを監督に報告しなければならないと思うのだ。

「いま、1軍は機動力を使える選手が、戦力的に見て乏しいです。けれども、彼の足は1軍で間違いなく武器になるでしょう」、「1軍の中継ぎは半ば崩壊しています。彼は変化球のコントロールもいいので、中継ぎで起用したら戦力になりますよ」などと具体的な根拠を説明して、監督の承諾を得ていた。

そうして自らが推薦した選手が1軍に上がり、活躍しようものなら、次に他の2軍選手を1軍に推す機会があったとしても、「そうか、お前がそこまで言ってるんなら、信用してやろう」と監督の信頼度も増していくことになるのだ。

幸いにも私の場合には、1軍に上げた選手はほとんどと言っていいくらい、1軍の試合に起用したら、よい結果を残してくれた。2軍で調子がいいから1軍に上げているので、「どんどん試合で起用してください」と監督に言うと、「お前が2軍から連れてきたんなら、どんどん使おうよ」と言ってくれたのはありがたかった。

だからこそ、私も2軍の選手の動向をチェックすることにも、ますます力が入った。

こうしたことは、何も野球にかぎったことではなく、ビジネスにおいてもいえるのではないだろうか。大きな会社になればなるほど、トップは経営のことを中心に考えていて、仕事の現場に足を運ぶ機会も少ないに違いない。そんなトップが中間管理職から、現場から上がってきた伝聞の報告など求めているわけがない。**トップが求めているのは、実際に現場を見てきた意見であると思うのだ。**

そんな意味からも、中間管理職のヘッドコーチであった私は、つねに2軍の試合には顔を出すようにしていた。

ミスした選手にどう接するか

野球はミスをするスポーツである。これは野球の大きな特徴なのだが、だからこそ、「ミスをいかに少なくさせられるかが、勝利につながる」のだと考えていた。

それでは選手たちのミスに対して、我々指導者はどう接すればいいのだろうか。

ヤクルト時代はミスをした選手に対して、「ドンマイ」、「しょうがないよ」という言葉をタブーにしていた。ミスをしたときになぐさめの言葉をかけても、そこに「仕方がない」といった気持ちが生まれるだけで、自分の技術力不足のほうに目がいかなくなってしまうのだ。これでは、選手たちの成長にまったくつながらない。

私が楽天で野村監督の下でヘッドコーチをやらせていただくことになったときにも、他球団からきたあるコーチで、このような指導をする人がいた。ミスをした選手に対し、優しい言葉をかけて励ましているのを、私の目の前でしていたのだ。私はそのコーチに対して、すかさず、「そうした指導はやめてほしい」とお願いした。

しかしそのコーチは、「これが私のスタイルなんですよ」と言うではないか。「あなたはいままでそうやって、やってきたのかもしれないが、野村監督はそうした指導方法をよしとしていないんだ。優しくコミュニケーションをとっていきたいと思う気持ちはわかるけども、チームの方針に反する行為だから、そのスタイルをすぐに変えてほしい」と言って理解を求めた。

優しい言葉、甘いなぐさめをかけてもらい、同情してもらっていれば、たしかに選手たちは心地がいいのだろう。しかしそういった指導は、長い目で見たら、その選手のためにはまったくならない。

選手のことを考えているように見えて、そういったコーチは、本当の意味でまったく選手のことを考えてあげていないのだ。「なぜミスをしてしまったのか」、「次はどういう点に気をつければいいのか」といったことに目を向けさせるよう、導くことが指導者の務めである。

こういったミスをした人間に、優しい言葉をかけることができる人間はたくさんいるのだ。ところが、**そこで厳しい言葉をかけたり、突き放したりすることができる人間は少ない。それができる人間こそが、本当のコーチであると私は思うのだ。**

そのミスに、準備不足はなかったか

試合前になると短い時間だが、選手とミーティングを行なうことがあった。おもに前日の試合の反省点と、その日先発する相手投手や打者のチェックポイントに時間を割いていた。

そして前日の試合の反省点を伝える際、私は「1ほめて、9しかる」という割合を念頭に置いて話すようにしていた。

たとえば普段ほとんど盗塁をしたことのない選手が、前日の試合で盗塁を試みようとしたものの、アウトになってしまったとする。ここで、アウトになったことばかりをしかってしまっては選手も、次、盗塁を試みることに躊躇してしまう。

まずは、「普段、盗塁をしない選手がチャンスを広げようと積極果敢にトライした」という行為についてはほめて、その選手にしっかりと伝えてあげるようにしていた。

しかし、そのことによってチャンスを潰してしまった事実も残る。この点をおろそかにしてしまうと、また同じ失敗を繰り返すともかぎらない。**「きちんと事前に準備したのにもかかわらず失敗してしまった」のか、「単なる思いつきで盗塁を試みようとしたのか」では、まったく意味合いが違ってくる。**

事前の準備もなく失敗しているようであれば、それはその選手のミスなのだから、今度はきっちり準備させる必要がある。

たとえば盗塁をする前に、相手ピッチャーのけん制のタイミングがわかっていたのか、ホームに投げるタイミングがわかっていたのか、といったことをその選手に確かめなければならない。

もしその準備を怠っていたのであれば、それはお前のミスだよ、と指摘してあげなければならないのだ。いくら盗塁の意欲があっても結果が伴ってこないのであれば、プロとしては失格だ。

「昨日の失敗はきちんと準備していたのかどうか、その点だけもう一度考えてみなさい」と言って、失敗した選手はもちろんのこと、他の選手に対してもミスへの対策を考えさせるきっかけとしていた。

第3章　選手を伸ばし、組織をまとめる指揮官とは

誰もが「いいコーチだ」と言う人間はダメなコーチだ

みなさんは、どのようなコーチが優秀なコーチと考えるだろうか。一般的には、みんなに慕われるコーチがいいコーチであるかのような認識があるかもしれない。

しかし実際は、そのようなことはない。人は誰でもみんなに好かれたい、悪く思われたくないという思いがあるが、その気持ちのまま、みんなに聞き心地のいいことをずっと言っていれば、まわりからは慕われていくものだ。

しかし、コーチとしての責任や、自分の考えというものをしっかりもっている人間であれば、必ず厳しいことを言わなければならない場面や、憎まれ役を買って出なければならないときがあるものだ。

そういう意味では、誰に聞いても「あの人はいいコーチだ」と言われているようなコーチほど、私はその人を信用していない。

逆に、「あの人はひとクセもふたクセもある」と言われている人のほうが、能力があるように思える。たとえばいま、千葉ロッテで打撃コーチを務めていらっしゃる金森栄治さんなどは「能力のあるコーチ」だと思っている。

金森さんはＰＬ学園から早大、プリンスホテルを経て、81年ドラフト2位で西武に入団した。その後は阪神、そしてヤクルトでは私も同じ釜の飯を食べ、代打の切り札として95年の日本一にも貢献した。当時の野村監督をして、「ベンチのムードメイク、練習の態度など、若手のいい見本だ。私が監督をしているかぎり、チームに置いてくれ」と球団に対して言わしめるほどの人物であった。

そして96年に引退した後は、ヤクルトの打撃コーチ補佐、西武の打撃コーチ補佐、ダイエーのスコアラー、阪神のコーチ、福岡ソフトバンクの打撃コーチなどを歴任して、２０１０年から千葉ロッテの打撃兼野手チーフコーチとなったのである。

金森さんの略歴で注目すべき点は、「現役時代にお世話になっていない球団からも、コーチとして声がかかっている」ということである。

「これだけ多くの球団でコーチができるのであれば、処世術に長けているんじゃないか？」というお考えの方もいらっしゃるかと思うが、考えてみてほしい。処世術に長けているのであれば、その組織でうまいことやって、同じチームに長い期間いてもおかしくないのだ。ところが、金森さんはそうではない。コーチとしての能力がプロ野球の世界で認められているからこそ、いろいろな球団から声がかかるのである。

現役時代こそ、「爆笑生傷男」などと言われて、ユニークなキャラクターがファンの間でも人気だったが、そのイメージとは裏腹な理論派である。阪神の城島健司や中日の和田一浩、オリックスのアレックス・カブレラなどは、チームが代わっても彼のことをいまでも「師匠」と慕っているという。

こういう人の場合、上に対して、言いにくいこともズバズバ言うから、結果的に組織に煙たがられて、最終的にはチームを離れることになってしまうのだ。だから、「いいコーチだ」と評価する人がいる半面、ちょっと問題があるとみる人も出てくるのである。

しかし、現在のロッテだって、西村徳文監督とは、現役時代からなんの接点もない。それでもロッテで打撃コーチができるというのは、ひとえに球団が金森さんのコーチとしての能力を買っているからにほかならない。

そして、何より選手のことを親身になって考えているからこそ、選手も金森さんの指導についていくのだろう。

昨年はＢクラスで成績もいまひとつだったロッテが、２０１０年のシーズンでは２割７分５厘というパ・リーグナンバーワンのチーム打率を残し、日本シリーズで中日を破り、日本一を成し遂げられたのも、金森さんの功績によるところが大きいはずだ。

策におぼれる指揮官とは

楽天時代、監督とコーチが揃ったスタッフミーティングでは、投手コーチが打撃について、打撃コーチが投手について自由に議論していた。これは、「投手から見た打撃陣」、「打者から見た投手陣」という角度から分析していかないと、発展的な視点がもてなくなってしまうからである。

そうした議論を経て、コーチである私たちから、監督に対し、「こういう作戦はやってみる価値はあると思います」、「この打順であれば、明日の相手投手を攻略できるチャンスは広がりますよ」と進言していた。自分のチームの戦力をあらゆる視点からチェックしていかないと、最善の作戦は練られないというわけだ。

しかし、なかには自分の考えた作戦におぼれてしまって、とんでもない失敗を繰り返したコーチもいる。これは実名を伏せるが、評判がいいということで招聘《しょうへい》され、野村監督の下で働いていたあるコーチの話である。

このコーチ、たいへん有能だという前評判だったのだが、いざシーズンが始まると、コーチとしての仕事を逸脱することが頻繁に出てきたのだ。つまり監督の指示が出てもいないのに、独断でランナーを動かしたりと、勝手に作戦を遂行してしまうのだ。

チームの意思決定者は監督ただ一人であって、これは明らかな越権行為であった。

監督も「それはオレの仕事だからやめてくれ」と忠告したのにもかかわらず、一向にやめる気配がない。しまいにはそのコーチを２軍に落として、二度と１軍に呼ばれることはなかった。

ふつう、自チームの戦力を見て、その戦力に合った作戦を考えるのが指揮官としては当たり前のことなのだが、そのコーチにかぎっては、まず作戦ありきなのだ。この作戦をやってみたい、というところからスタートするからダメなんだと、監督もうんざりしながら言っていたことがあった。

こういった「戦力がどうであれとにかくやりたい作戦」を実行しても、戦力的に恵まれたチームであれば成功する可能性もあるのだろうが、弱いチームであったらうまくいく可能性はほとんどない。

事実、そのコーチが考えて実行した作戦は、試合ではことごとく失敗していた。それでも自ら反省し、修正する気配すらないのだから、監督も見るに見かねて、厳罰的措置を取らざるを得なかったのだという。

指揮官の仕事とは、「あっと言わせるような作戦」を考え出すことではない。そのように作戦自体に執着するから、策におぼれることになるのだ。

まずは自分の戦力を見極める。そしてそれに見合った作戦を立てていくことが大前提である。

リーダーがその仕事をいちばん好きにならなければならない

野村監督と一緒に行動していてほとほと感心するのは、「本当に野球が好きなんだな」ということである。

寝ても覚めても野球、野球、野球……前日の試合経過を振り返ることはもちろんのこと、メジャーリーグや高校野球にまで目を通している。

すでに野球博士の域に達している監督であっても、「野球についてもっと知ろう」とする知識欲には、ただただ頭が下がるばかりである。

これには監督自身も次のように話していた。

「選手よりも野球のことを知らないでどうするんだ。そんなことでは選手になめられてしまうし、監督としての威厳だって保てなくなるだろう。第一、監督が野球を好きでいないでどうするんだ」

たしかにリーダーが仕事バカというぐらい仕事にのめり込んでいると、部下としても必死でついていくものだ。指導者が仕事が好きで好きで仕方がないということは、仕事において一切の妥協をしない、と言い換えることもできる。

つねにリーダーが妥協しないのであれば、部下が妥協するわけにはいかなくなってくるのである。リーダーの必死で仕事をする姿勢を見ていれば、部下もある種の信頼感をもつし、自分も自然と必死にならざるを得なくなるのだ。

監督がつねに言っていた「**このチームのなかでいちばん勝ちたいと思っているのはオレだ。それだけは自信がある**」という言葉に、監督の野球への並々ならぬ思いが表れているといえるだろう。

野村監督は、監督としての資質として以下のような点をよく挙げていた。

- **その監督が野球人である前に、人間として尊敬できるかどうか。**
- **信頼に足る人物かどうか。**
- **自分たち（選手）に対して、愛情を注いでくれるかどうか。**

これらの要素なくして、選手からの信頼を得ることなど不可能だ。また、そういった信頼を選手たちに感じさせる力を「人望」なのだと、つねに言っていた。

とすると、指導者の人望をつくる一つの要素は、「組織内でいちばん、その仕事が好きである」ということが条件となってくると私は思うのだ。

誰よりも必死で仕事をする姿勢に、部下は尊敬し、信頼の気持ちを抱くはずだからだ。

私は野村監督のそばで12年あまり仕事をさせてもらって、幾度となくそのように実感したものだ。

自信とは、「見通しをつける」ことで生まれる

選手たちに自信をつけさせる、ということも我々コーチの仕事である。ビクビクしながらプレーに臨むより、自信をもってプレーに臨んだほうが、当然、結果もよくなる可能性が高い。また、選手たちの能力がさらに伸びていくきっかけが、自信をつけたことだったりすることもある。

自信をつけるためにまず必要なのは、成功体験を積むことだ。人は小さな成功を積み重ねていくことで、自信をつくっていくものだ。これは言葉で言ってもなかなか難しい。選手個人が、技術を磨きながら、一つひとつ階段を上っていくしかない。私たちコーチとしても、「あせらずに一つひとつ成功体験を積めば、自信はついてくる」ということを繰り返し選手たちに説くしかない。

もう一つは、日々の練習を積み上げていくことだ。これは自己満足にも近いのだが、「これだけの練習をやったのだから」、「こんなつらい練習を乗り越えたのだから」といっ

た気持ちが、自信をつくることもある。厳しい状況に立たされたときこそ、これまでの苦しい練習を思い出せ、ということだ。

そしてもう一つ、「見通しをつける」ことで自信がつくこともある。これはいちばんコーチが選手たちに、支援しやすい方法でもある。

見通しとは、データのことでもある。たとえばバッターがバッターボックスに立って、次のボールは何がくるのかと迷っているようでは、心の余裕もない状態だろう。

しかし、こういったカウントだとこういうボールがくる可能性が高い、勝負球はこのボールの可能性が高い、といったデータを事前に知っていれば、狙い球も絞りやすい。すなわち、バッターボックスで迷うこともなく心に余裕が生まれ、それが自信となるのである。データによる準備と根拠があれば、その選手にもかなりの自信が生まれるのである。だから私たちコーチは、そういったデータの提供に努めるのである。

これはさまざまな他の仕事をなさっている方にも、あてはまるのではないだろうか。**人が自信をもてないときというのは、「見通しがつかないとき」**であり、だから心の余裕もないのである。そういった状況を解消するためには、データなどの事前の準備により、「見通しをつける」ことがいちばん効果的だと私は思う。

「このバットを使え」と指導した野村監督の真意

一流選手を模倣することが、技術習得にもプラスであると監督はつねに言っていた。しかし、それは何もフォームだけにかぎったことではない。使っている道具をまねることも、とても参考になることだ。一流選手のバットを借りてみたり、同じものを使ってみることを、野村監督は推奨していた。

監督が現役のとき、パ・リーグを代表する打者といえば、毎日（現千葉ロッテ）の山内一弘さん、西鉄（現西武）の中西太さんであった。オールスターなどで2人と顔を合わせた野村監督は、バットを握らせてもらったり、振らせてもらったりして、そのバランスや太さなどの感触を覚えて帰り、道具屋さんに同じものを作ってもらったこともあったという。

監督があまりにしつこく「触らせてください」と言うものだから、最後は2人にバットを隠されたという。その当時は、自分の技術をそんなにあっさりと他人に教えたりするようなことはなかったのだ。

現在も監督は、こういったバットをまねることが、その選手の能力を開花させるきっかけになると考えている。

２００９年のシーズンでは、楽天の牧田明久に「今日の試合は鉄平のバットを使って打ってみろ」と指示したこともあった。幸い牧田は、第1打席で見事に安打を打つことができた。攻撃が終わると、監督は牧田のところに歩み寄って、「どうだ、いいバッターのバットは振りやすいだろう？　成績を残している選手のバットというのはバランスがいいんだ」と話しかけた。すると、牧田は、「はい。すぐにこれと同じバットをメーカーさんに注文します」と返したのである。

それまで牧田のバットは長距離打者が使うような、グリップが細く、スイングしても操作のしにくいものだった。楽天でいえば山﨑あたりがこういうタイプのバットを使うのであればそれもわかるのだが、長打力がそれほどでもない牧田には不釣り合いだった。

そこで監督はいち早く判断して、鉄平のバットを薦めたのだ。牧田も鉄平のバットを使用してみて感じたものがあったのだろう。

こうした例は他にもある。監督が南海のプレイングマネージャーだった当時、内野手として活躍された藤原満さんも牧田と同じ指摘をされたそうだ。

藤原さんは大学時代、典型的な中距離打者だったのだが、南海に入団してからしばらく後に監督から、「このバットを使ってみろ」と差し出されたのが、タイ・カップが使用していたという、グリップの太い「つちのこ型」といわれるバットだった。しかも、「このバットを使わないって言うなら、試合に出さないよ」と監督に言われたものだから、命令に従わないわけにはいかない。

そこでしぶしぶ試合で言われたバットを使ってみると、鋭い当たりのライナーやゴロがバンバン打てるようになり、ついには8年連続100安打以上打てる打者へと成長したという。藤原さんは、「野村さんに言われて半信半疑だったが、あのときもし監督から指摘されなければ、その後の成績は間違いなく残せなかっただろう」と断言されていた。

監督はバットをきっかけに、その選手がひと皮むけることを狙っていたのだ。バットによって、その選手に自分にもっとも合ったプレースタイルを気づかせたり、また、そういったプレーがしやすくなるように仕向けていた。

やはり野球選手は言葉で言われるよりも、いつもと違うバットを振って、その感覚を体感することでいちばん納得するものなのだ。

すぐに結果が出なくても　あせってはいけない

どんな世界でも、指導者は教えた人間がすぐに結果を出してほしいと願うもの。しかし、願うだけならまだしも、「すぐに結果を残してくれないと困る」と考えるのが、現実なのではないだろうか。

私は人が成長していく過程で、2つのタイプがいるのではないかと考えている。だからこそ、どちらのタイプかを見極める目が、コーチには必要となってくる。それは、「継続して少しずつコツを覚えていき、ゆっくり伸びていくタイプ」と、「ある瞬間、コツをつかんで一気に伸びていくタイプ」だ。

大半の人は「継続して覚えていく」タイプにあてはまるだろう。「感覚＝コツをつかむ」というのは、簡単にできるものではない。地道な作業を必要とするものだし、指導者はそうした選手の姿勢を見守ることが大切なのである。

だから、すぐに伸びていかなくても、選手もコーチもあせる必要はない。「すぐ結果が出るなんて思うな」と、つねづね私たちコーチも、選手たちに言っていた。

もう一つの「ある瞬間コツをつかむ」タイプというのは、ヤクルト時代の古田敦也がまさにこれにあてはまった。

古田がヤクルトに入団した1年目の秋季練習で、打撃練習をしていて突然、「つかんだ！」とうれしそうに話してきたのだ。私が不思議に思って、「つかんだって、何をつかんだんだ？」と聞くと、「いま打っていて、コツをつかんだんだよ！」と言うではないか。

1年目の古田の打率は2割5分と平凡なものだった。だから古田の言葉を聞いた私は、「つかんだって、それほどのことでもないだろう」と高をくくっていたのだ。

ところが、フタを開けてみると、翌91年は落合さんと首位打者争いを演じ、最終的に3割4分を打って、見事に首位打者のタイトルを獲得した。

しかも翌92年は、2年間で14本しか本塁打を打っていなかった古田が、30本も打つことができたのだ。

成長する度合いは人それぞれである。**指導者も、また選手も、すぐに結果が出ないと一喜一憂することだけは慎まねばならない**だろう。

クセのある選手を従わせていた野村監督の人間力の秘密

江夏豊さん、江本孟紀さん、門田博光さん、山﨑武司……すべて野村監督の指揮の下でプレーしてきた選手である。これらの選手に共通しているのが、「野球選手としての能力は高いが、個性が強く、一歩間違うとチームをマイナスの方向に引っ張っていってしまう」点であった。個性が強いというのは、よい言い方で、悪く言えば「クセがある」ということだ。しかし、実力はあるのだから、よい方向に向かう指導さえすれば、チームとしてこれ以上ない戦力となる。

野村監督の指導者としての能力のすばらしさに、これまで多くのこういった問題児といわれた選手たちを使いこなしてきたという点が挙げられるだろう。監督はどうして、こういった選手たちの信頼を得て、また、チームのなかにその能力を生かすことができたのだろうか。

監督はそういった選手たちの対応を、個人の性格に合わせて変えていた。たとえば江夏さんの場合は、とてもプライドを大事にして、ともすれば持ち上げながら接したという。

逆に、門田さんの場合は、いっさい突き放して、どんなにいいバッティングをしてもほめることもしなかった。門田さんにとっては、それが反骨心となり、プラスに作用したという。

監督には、そういった人間観察眼のするどいところがあるのだ。この選手には、**こういった対応がいちばんだということを見抜くと、そういう接し方を貫いて結果を出させてしまう。**

また、江夏さんや江本さんが現役のころでも、当時の野球選手としては珍しいほど野村監督は博識だった。江夏さんにしても江本さんにしても、それまで野球をやってきていままでに聞いたこともないような話を監督から聞かされるものだから、「あっ、この人はすごい」と尊敬されるまでにそう時間がかからなかったという。圧倒的な知識の多さに、どんな選手も一目置いてしまうという側面もあるのだ。

監督と江夏さんとのエピソードで有名となったのが、リリーフ投手に転向する際の口説き文句である。江夏さんは阪神から当時の南海に移籍されたのだが、先発で投げるのは難しいと判断されると、「リリーフをやれ」と、ことあるごとに監督は説得していたという。ところが、南海に移籍してきたことすら、「恥をかかされた」と思っていた江夏さんであったから、「またオレに恥をかかせる気なんですか！」と食ってかかってきたという。

そこであるとき、監督は江夏さんに向かって、「江夏、リリーフというポジションで、プロ野球界に革命を起こしてみないか？」と言ったら、その言葉に感じるものがあったのだろう、「革命ですか？」、「そう革命だよ」、「……わかりました。やってみましょう」と、ようやく承諾したそうだ。

江夏さんはその後、リリーフ投手としてなくてはならない存在となり、南海の後は広島、日本ハムと移籍したのだが、「優勝請負人」と言われるほどの大活躍をしてみせたのである。

どんなに個性が強い選手であっても、この選手を育ててあげたい、立派な野球人にしてあげたいという強い思いが監督の心のなかにはつねにあった。そういったことも、彼らと正面から真摯に向き合うことができた理由なのではないだろうか。

「なぜよかったか」を客観的に指摘するのがコーチの仕事

ヘッドコーチの仕事として、試合に貢献してくれた選手に対するフォローは、欠かさず行なっていた。監督は勝利に貢献した選手に対し、「よくやった」、「次も頼むぞ」などという言葉をかけることはほとんどなかった。だからこそ、コーチである私の出番となるわけである。

たとえば投手の場合、試合終盤まで好投したものの、均衡した試合だったので、勝ち星がつかずに降板してしまったとする。その直後に声をかけることはなかったのだが、試合の翌日、その投手の元に歩み寄っていき、

「昨日はナイスピッチング。勝ち星はつかなかったけど、ああいう投球をしてくれると次にもつながるぞ」

などと話すようにしていた。

そのうえで、私たちから見て、昨日の試合で何がよかったのかを客観的に伝えてあげるように心がけていた。

たとえば体が前に突っ込まないので、カーブのコントロールや低目の制球が安定していたとか、変化球が低目に制球されていたから、緩急が生まれ、打者のタイミングをうまく外すことができたなどと、具体的に伝えてあげていた。

実際、マウンドで投げているピッチャーには、自分の投球を客観的に見ることはなかなか難しい。だから、ベンチから見ていてこのあたりがよかったんじゃないか、といった**ピッチャー本人も気づかないような点を指摘してあげられれば、次回の登板にも大いに参考になる**と思うのだ。

選手に対し、コーチがこうしたフォローをきちんとできることが、選手と信頼関係を築いていくうえでも大切な要因になるのではないかと、私は考えている。

真面目はダメ、よく遊ぶヤツが仕事もする

野村監督が選手の才能を見る場合、その目のつけどころは少々ユニークで興味深い。たとえば、「ちょっとワルいくらいがちょうどいい」という見方だ。野球はある種、格闘技の側面ももっている。闘争心と闘争心とのぶつかり合いなのだから、気が強くなければ、プロ野球選手としてやっていくことはできない。そこで考えたことなのだろう。

もちろん、学業も優秀で野球のアタマもいいという選手がたくさんいるに越したことはないが、現実はそう簡単にはいかない。となれば、野球が好きであれば、多少はヤンチャな選手のほうが大成する可能性を秘めているというのだ。

しかし、そのときに一つだけ条件がある。それは「アタマのいい選手でないといけない」ということだ。いくら教えても覚えない、また応用が利かないというのでは、どんなに速い球を投げようが、遠くに飛ばそうが、試合では使い物にならないからである。

そしてもう一つ言っていたのが、「野球選手は遊びが好きでなければならない」という見方だ。前述の非行性といい、遊び好きといい、監督は意外にも非優等生を尊重している。その理由を聞いてみると、これまた納得してしまう。

「昔から『英雄色を好む』と言うだろう？　遊び、たとえば女性一人を口説くにしても、どうすれば口説き落とせるか、頭であれこれ考えて知恵を絞るじゃないか。それが必要なんだよ」

意外なようだが、これは過去に多くの名選手がそうだったという判断基準からきた考えだという。監督が分析するに、「女性にかぎらず、人間なんでもいいから、いろんなことに興味・関心をもてないようでは成長しない」というのだ。

以前、野村監督がミーティングを行なっていたときには、必ずこの手の話をして、そのときの選手のノリを観察していたそうだ。すると、「チームの主力になる選手はたいてい、興味を示してきた。こいつは見込みがあるぞ、と思っていたら、そのとおりになった」と得意げに話していた。


伸びる選手は真面目一辺倒ではなく、多少なりとも「遊びの心」がないといけないという、野村監督なりの選手の見分け方なのである。

誰に聞いても「いい人」は、いいリーダーではない

野球の監督にとって、必要な条件とはなんだろうか。

まず第一に、自分なりの野球哲学をもっており、監督とはこういうものなんだというはっきりとした考えをもっていることが条件として挙げられる。

しかも、その野球哲学を自分なりの言葉で表現できるようでなければならない。

そうでなければ、まわりの選手やコーチたちは、監督と心を一つにして同じ方向に向かっていくことができないのである。

逆に、どういう監督がダメな監督かというと、我が強くなくて、みんなからいい人だと言われるような人である。こういう人は監督としての適正はほとんどない。

まわりのみんなからいい人と言われるような人は、これは絶対譲れないといったような、自分なりの考えをもっていないことが多い。その場、その場で臨機応変に自分の考えも変えていってしまう人は、周囲と衝突することもなく、当たり障りのない人といったイメー

ジとなっている場合が多い。

しかし、やはり組織を指揮していく人間であれば、明確に自分の指針を提示して、組織すべてをその方向にもっていかなくてはいけない。それだけの「我」があれば、必ず誰かと衝突することもあるだろうし、みんながみんな「いい人」と言うわけがないのだ。

野村監督は、**「人の悪口を言わないようなヤツは信用できない」**と、実にユニークな視点で他人を見ているところがあった。つまり、悪口を言っているということは、自分なりのはっきりとした考えがある裏返しであり、その人間が何を考えているのか、本音の部分が見えてくるから信用できるというわけだ。

逆に、誰にでも「いい人」と言われているような人は、結局のところ、相手に本音を話していないとも言い換えられる。つねに発言を聞いた人の気分を損なわない言い方をしているから、「いい人」でいられるのであり、「これだけは譲れない」という信念にも欠けている。だから、信用に値しないというのだ。

野村監督のチーム運営は、自分自身の野球哲学を部下たちに明確に提示して始まるものだった。そういう意味では、とても我の強いリーダーの典型といえ、だからこそこれまで、多くの実績を残してこられたのだろう。

「厳しさ」と「やりがい」で野村監督は部下を伸ばす

２０１０年、ヤクルトは4位に終わったが、高田繁監督時には最大19も借金（負け越し）があって、セ・リーグの最下位を独走していたのだが、小川淳司監督代行になってからは、あれよあれよという間の快進撃で、最終的には借金をすべて返済したうえに、72勝68敗4分と、貯金を4つもつくってシーズンを終えた。

後半のヤクルトの追い上げに対し、驚愕と賛辞を送ったプロ野球ファンもさぞかし多かったに違いない。

たしかにシーズン途中から加入したジョシュ・ホワイトセルが活躍し、開幕当初はあれほど勝てなかった石川雅規が復調し、加えてケガで戦列を離れていた館山昌平の復帰なども、ヤクルトが後半追い上げた理由に挙げられるだろう。

しかし、大半の選手は変わっていないのにもかかわらず、これだけ大きな成果を残せるのは、「他にも要因があるはずだ」と考えるのが自然である。

なんせシーズン前半と後半では同一チームでありながら、同一チームではないような戦いぶりだったのだから仕方がない。

高田前監督は、スターティングメンバーにしても、作戦にしてもすべて自分が決めていた。野村監督の楽天時代のように、コーチ会議をやってオーダーを決めたりすることは、ほとんどなかったようだ。

まわりのコーチの意見を聞かないし、求めもしないので、コーチとしては責任もないし、仕事としては楽といえば楽である。しかし、やりがいなどは感じることができないだろう。

こういった独断型のリーダーは、その決断や采配がうまくいっているうちはいいが、ひとたび不調期に突入すると、組織内に不満が噴出しはじめるものだ。「自分は関係ない」、「そら見たことか」と、これまで組織の運営にかかわれなかった人たちから反発を買うことになるのである。

野村監督の場合は、これとまったく逆であった。コーチたちはチーム運営に組み込まれ、いろいろなデータや、意見を求められる。

生半可なことを言えば、「その根拠はどこにある？」と突かれ、おしかりを受けることにもなる。そのため、データの事前の収集や解析など、準備することも多く、仕事としてはたいへん厳しいものになる。

しかしその分、監督から必要とされることで、大きなやりがいをもてるし、監督の信頼に対する責任も芽生えていくのだ。

私自身も野村監督の下でヘッドコーチを務めて、大きな勉強をさせてもらった。**監督は、「厳しさ」と「やりがい」を与えることで、私たちコーチの能力を引き出していった**のである。

野村監督が参謀を連れて「監督ノック」をする理由

福岡や大阪などでナイトゲームが終わり、宿舎のホテルに戻ったあとは、監督と監督専属マネージャー氏とチームマネージャー、私の４人でテーブルを囲んで遅い夕食をとるのが日課だった。

試合後の夕食と聞くと、せいぜい1時間くらいをイメージされる読者の方も多いと思うが、そんな短時間で終わることはほとんどなかった。深夜の3時くらいにお開きになることもよくあったのだ。

もちろん食事もするのだが、それよりも監督は私たちとの会話を大切にしていたように思う。私はこの時間を、「監督ノック」と呼んでいたのだが、当時、1軍打撃コーチだった池山隆寛などは翌朝眠そうな私の顔を見て、「昨日は監督ノック、何時までやったんだ?」などとからかってくることもあったものだ。

監督の話の内容は、その日の試合のことはもちろん、選手のコンディションのこと、2

軍選手の情報に至るまで多岐にわたったが、そのほとんどをチームのことについて時間が割かれた。

いつもこのテーブルは前述の4人だけということもあり、監督もざっくばらんに自分の考えを言うことも多かった。

ゲーム後のコーチ会議も当然するのだが、その後の夕食時に、「あの会議ではああいうふうに言ったが、あれはバッティングコーチに気を使って、あんな話をしたんだ。実は本音を言えば、こうなんだ」というふうなことを私に言ってくるのである。

要するに、自分が直接、バッティングコーチに言ってしまうと、その人間の権限や、やる気を失わせてしまうかもしれない、だから、ヘッドコーチのお前からうまく伝えてくれ、ということなのだ。

こういったコーチ会議で言えなかったことやその真意を、ヘッドコーチの私に伝えるために、監督はあの長時間の夕食をしていたのかもしれないといまは思う。組織のトップである監督が、**現場の管理職であるコーチに直接こまかな指示を出せば、現場の裁量を奪い、やる気を失うかもしれないという気遣いが監督にはあった**のだ。だからこそ、参謀であった私を通し、組織をうまく機能させようと考えていたに違いない。

「オレが100%、正しいわけじゃない」という教え方

誰かに何かを指導したり、教える際、あくまでも答えが一つであるわけがない。

たとえばバッティングフォームでも、ある一つの基準があることは確かだ。少々専門的な話になってしまうが、体の開き具合はどうか、バットが遠回りしていないか、ヘッドが下がっていないかなどといった点がチェックのポイントであることは確かだ。

しかし、それは個々の体格や、もって生まれたセンスなどによって、その基準がすべてにあてはまるわけでもなく、さまざまなフォームがあっていいのだ。

これが野球の技術などではなく、その人の人生観や仕事観みたいなものになってくると、もっと複雑だ。その人の生きていくうえでもっているポリシーみたいなものは、千差万別だし、誰かにこれが答えだ、と強制されるものでもない。

野村監督は、我々選手たちに指導する際、こういったことをつねに意識していたように

感じる。

「監督ミーティング」では、まず、野球の技術論ではなく、人生論や仕事論から始まるのだが、必ずいつも、「オレの言っていることが100パーセント正しいわけじゃない。あくまでもオレの考えだから」とつけ加えて、私たちに講義していた。

　こういったスタンスでミーティングをしてくれたからこそ、私たち選手の心にも、その教えがストレートに届いたように思うのだ。これを「教えてやる」といったような、上からの強制的な言い方だったら私たちもここまで聞く耳をもたなかったのかもしれない。

　いま思い出しても、そういった監督の姿勢は、指導者として尊敬せざるを得ない。現役時代ももちろん、指導者としてもあれだけの実績を残していながら、我々に指導をする際に少しも自分の考えを強制しようとしないのだ。

　つまり**監督は、答えは自分の言っていることだけではなく、他にも無数にあるかもしれない、ということをつねに認識していた**ように思うのだ。

　自分はこういうふうに工夫をして結果を出してきた。この方法をまねてもいいが、もしかするとあなたにはあなた流の方法だってあるかもしれないよ、というのが野村監督の考えなのだ。

損得で考えるのではなく、人と人との縁を大切にする

私はプロ野球の世界に入ってから数多くの人と巡り合ってきた。監督、コーチ、先輩、同僚、後輩……名前を挙げればそれこそきりがないが、一人ひとりとの出会いを大切にしてきた。「人」という字はよくできていて、「ノ」という字が支えられて「人」となる。つまり、人は一人で生きていくことはできない。自分の思うとおりになることなどほとんどない。誰かに助けられるからこそ、人は生きていけるのだ。

野村監督も、よく「縁を大切にしなさい」と言っていた。ほとんどの人が一度も出会わないまま人生を送っていくなかで、出会ったということは、それだけでその人と何かの縁がある。だから、どんな人と出会ったとしても、そこに理由があるんだよ、ということを言っていた。

野村監督の言っていたそんな「縁」について、いちばん考えさせられたのは、昨年のクライマックスシリーズ第２ステージで、日本ハムに敗れ去ったときのことである。

それまでの労をねぎらって、楽天の山﨑武司が音頭をとって監督の胴上げを始めたかと思いきや、ヤクルト時代の教え子である吉井理人投手コーチや稲葉篤紀、社会人野球のシダックス時代の教え子であった武田勝らを筆頭とした日本ハムの選手、さらには梨田昌孝監督までもが、野村監督の胴上げに参加してくれたのだ。

監督はこの胴上げの後、「オレは王と長嶋を超えたぞ。なんたって彼らは敵軍から胴上げされたことがないだろうからな」とご満悦の表情を浮かべていたのを、いまでも覚えている。これこそ監督が多くの選手との出会いを大切な「縁」と感じて指導してきた賜物にちがいないと私は感じた。

つい人は、損得勘定で人とのつながりをとらえてしまいがちである。しかし、プラスになるかマイナスになるかに関係なく、出会いを大切にしていくことが人生にとっても意味のあることなのだろう。

それを実践してきたからこその、敵チームも一緒になっての胴上げだった。

損得だけで人とのつながりを考えていたら、いつかはまわりから見放されてしまう。いまこの瞬間、出会った人との縁を大事に育んでいくことが、後々自分の人生を豊かにしてくれるものであると、私はそう信じている。

膨大なデータから必要なものをピックアップするのがコーチの仕事

他球団の選手に関する情報収集は、多岐にわたって行なっていた。このとき大切なのは、「膨大なデータのなかから、どういったデータを選手に伝えるか」という点である。ありとあらゆるデータを選手に伝えても、混乱してしまっては意味がない。その意味で、コーチのデータ分析力が問われるのである。

データの分析は、次のように進めていく。まずスコアラーが、対戦した相手選手の結果を集める。そのなかでたとえば投手であれば真っすぐ、変化球の球速はそれぞれどれくらいか、初球はどんな球を投げてくるか、カウントが悪くなるとどういった球でストライクをとりにくるか、などといった具合だ。

また、打者の場合だと、初球から打ってくる傾向にあるのか、抑えた球種はなんだったのか、反対に打たれた球種はなんだったのかということを詳細に見なくてはならない。

こうしたデータ解析を専門としている会社もある。ここには多くのプロ野球の球団が動作解析の依頼をしているのだが、ここでとりまとめられるデータは、さらに細分化されている。

たとえば、西武の涌井秀章が、①今年は全部で何球投げたか、②そのうち真っすぐと変化球をどのくらいの割合で投げていたか、③カウント別では真っすぐと変化球の割合はどのくらいか、④走者が出塁したときにはどういう配球が多くなるか、⑤右打者と左打者でどれだけ配球が変わるのか、などの膨大なデータがボタン一つですぐ出てくるのだ。

それらを詳細に分析していくと、涌井の投球傾向が明らかになってくる。しかしここで大切なのが、すべてのデータ分析結果を選手たちに伝えないということだ。

私たち**コーチがバッターにデータを提供するというのは、本来、バッターボックスで打者が迷わないためにしていることなのだ。**あまり多くの解析結果を渡してしまい、逆に打者を悩ませてしまっては元も子もない。

狙い球をうまく絞らせるためにも、どの情報をピックアップして、どう選手に伝えていくかは、コーチの手腕にかかっているといっても過言ではない。

食事をチェックしていた野村監督の笑えない勘違い

プロ野球選手にとって毎日の食事は、練習と等しいくらい大切なものだ。私も現役時代、キャンプでいちばんの楽しみは食事の時間であった。

しかし、最近の若い選手たちは、食事の時間も10分や15分くらいで切り上げ、その後コンビニなどでスナック菓子や炭酸飲料を平気で口にする。簡単にケガや故障をしてしまうのも、こうした食生活と無関係ではないだろう。

考えてみてほしい。せっかくプロ野球選手になって、高度な野球技術を会得したとしても、それを実践できるだけの体の強さがなければ一流にはなれない。ビジネスマンだって、どれだけ高度な能力があっても、不摂生をしてしまっては、実力が半減、場合によってはそれ以下になってしまうものだ。

だからであろう、野村監督は各選手が普段からどんな食事をとっているのか、大いに関心をもっていた。**「食べることと寝ることがしっかりできていれば、必ずいい仕事ができ**

る」、そう信じていたからに他ならない。

しかし、ときには監督の食への関心が、笑えない勘違いとなったことがある。２００９年のシーズン、夏場のオリックスとの試合で、藤原紘通という若手の投手が先発することになっていた。藤原は社会人野球の名門・ＮＴＴ西日本から08年にドラフト1位で入団してきた、若手のなかで有望な投手であった。

その藤原が、試合では4回ももたずにノックアウトされてしまった。ベンチに藤原が引き揚げてくるや否や、監督が突然私に、

「実はな、橋上。オレが食堂に行ったときに、藤原のヤツ、かつ丼をたらふく食べていやがったんだ」

と言ってきた。

「えっ、それ本当ですか？」

と私が聞き返すと監督は、

「オレは見たんだよ。先発投手が試合前にあんなにたらふく食うか？　あんな脂っぽいものを食べていたら、試合中は体が動かんだろう」

と不満をあらわにした。

さらに話はそれだけにはとどまらず、試合後のマスコミのインタビューでも、「藤原は先発なのに、試合前の食堂でかつ丼を腹いっぱい食っていた。あんなに食べると血液がみんなそっちにいっちゃう。コンディション管理ができない証拠だ」と、私に話したことと同様の話をしたのである。


そこまで監督が言うので私も気になって、藤原本人に直接聞いてみることにした。すると、藤原から返ってきたのは、

「かつ丼は食べていません」

という答えだった。しかも、

「投球に影響しないよう、パスタとサラダの軽めの食事をしました」

と言うではないか。

あまりにも話が違いすぎるので、他の選手に聞いてみると、「藤原はかつ丼なんか食べていませんよ」という答えしか返ってこない。聞けば藤原と顔が似ているという裏方さんが、かつ丼を食べていたということらしい。つまり、監督の単なる勘違いだったというわ

けだ。

藤原自身、「食べていませんけども、結果が結果なのでしょうがないです」と言い訳することなく、現実を素直に受け止めようとしていたのだが、私のほうから監督に訂正しておこうと思い、「かつ丼の件ですけども、食べていたのは藤原じゃないそうですよ」と話したら、「じゃあオレが見たのはいったい誰なんだ⁉」と最後まで納得してもらえなかった。

しかしこれも「食べることにはもっと気を使ってもらわなければ困る」という監督なりの考えがあったからであろうと想像がつく。監督がどれだけつぶさに選手たちの食事をチェックしていたかを、あらためて認識したエピソードであった。

野村監督が、あいさつ、身だしなみを注意する理由

野村監督はいつの時代も「茶髪、長髪、ヒゲはチーム内の身だしなみで禁止」にしてきた。

これには「人間はみな、他人の評価のなかで生きている」、という野村監督の人生観が根底にある。いくら自分はこんな能力がある、と思っていても、それは自分だけの評価であって、まわりの人間、つまり監督に評価されなければ、試合に使ってもらうこともできないのだ。だから人間は他人の評価からけっして逃れることはできないという考え方だ。

その他人の評価で、第一印象は非常に大きなウェイトをしめている。そしてその第一印象で最も大きいのが、身だしなみとあいさつではないだろうか。初対面でその人の内面まではなかなかわかるはずもないからだ。

第一印象で一度悪い印象がつくと、それを挽回するのはたいへんなことである。だから身だしなみとあいさつだけはきちんとしなさいと、幾度となく注意していた。

こういう考えになったのも、監督自身の現役時代の経験が影響しているようだ。野村監督も本来、ハキハキしゃべるようなタイプではないし、どちらかといえば口下手なほうである。そのため、目上の人たちにあいさつはしているのだが、なかなかうまく伝わらなかった。そのため、いろいろと誤解されることもあったのかもしれない。だからいま、**「身だしなみやあいさつで、第一印象を悪くするほど損なことはないよ」**と指導するようになったのだろう。

あいさつについても、うるさいほどよく注意していた。まず、あいさつの基本として、ちゃんと相手に伝わるようにしなければダメである。だから相手の視界に入り、相手の視線を意識して必ずやりなさい、とよく言っていた。

たまに、ベンチで横にいる私と、選手を指して、

「あいつ、あいさつしたか」

「さっき、来てしましたよ」

といったやり取りをすることもよくあった。それだけ、「あいさつ」というものに監督はこだわりをもっていた。

野村監督が「早く身を固めなさい」と言っていた理由

結婚は人生最大のイベントでもあり、転機にもなる。「スポーツ選手は結婚して早く身を固めたほうが、責任感が芽生えて、選手生活にプラスになる」とよく言われるが、野村監督も例外なくそのことを口にしていた。

私が結婚したのは、現役の晩年にさしかかったころだった。それまでは結婚すると、「守るべきものができたことで、自分の考えていることを主張できなくなってしまうんじゃないか」ということを考え、現役のときに結婚するのはやめておこうと決めていた。

だが、縁あっていまの妻となる女性と結婚したときに、それまで結婚に対して抱いていたイメージと違い、プラスの面をたくさん発見することができたのだ。

たとえば、ミーティングなどで自分の意見を主張しようとしたときに、独り身であったら言いたいことを言ってしまって、あとは他人からなんと思われようと構わないやと思ったりしていたのだが、結婚後は相手に何か要望をするにしても、ひと呼吸おいて考えながら発言するようになった。つまり、「こんなところでイキがって、自分の言いたいことばかり言ってるんじゃないよ」と歯止めが利くようになったのだ。

人によってはそれを「守りに入った証拠だ」ととらえる人もいるかもしれないが、人は30代、40代と年齢を重ねていけば、20代のころと同じような振る舞いや言動が許されなくなってくる。しかも、私よりも若い年齢の選手たちが、年上である私の背中を見ているからこそ、模範となる行動をしなくてはいけない。


これは単にベテラン選手になったからというわけではない。結婚すれば家族を守り養っていかなくてはいけない。そうした考え方をすることによって、**落ち着きや安定感といったものが自然とかもし出されてくる**のである。

それと家族がいれば、自然と規則正しい生活ができるようになる。何げないことではあるが、規則正しい生活ができていれば健康も保たれる。いい仕事をするには、日ごろから体調管理をして健康でなければならないはずだ。こういったことも見据えて、野村監督もよく、若手には「早く身を固めろ」と言っていたのだと思う。

第4章 勝つために何をすればいいのか

チーム至上主義を貫けば、必ずチームはまとまる

首位打者1回、本塁打王9回、打点王7回、MVP5回、ベストナイン19回など、数多くのタイトルを獲得してきた野村監督をして、「個人記録は自己満足以外のなにものでもない」と言い切る。

あくまでも「個人記録ではなく、選手がチームの勝利のために貢献するのが大切なんだ。タイトルをたくさん獲ったオレが言っているんだから間違いない。タイトルはその場かぎりの自己満足にすぎん」と、ことあるごとに言っていた。

優勝したことがあれば誰でもわかるのだが、自己犠牲を払ってでも得たチームの勝利は、みんなで喜びをわかち合えるから満足度、達成度も、個人タイトルの獲得などよりはるかに高い。そのことを選手全員に早くわかってもらいたい。その考えの下で、監督はチームを指揮していた。

それを象徴する例が、2008年のシーズンにあった。この年はリック・ショートと、西武の中島裕之とが最後まで首位打者争いを演じていた。リックは06年に楽天に入団したのだが、内外野をどこでも守れるユーティリティープレイヤーだった。そのリックが08年のシーズンでは大活躍をし、あと一歩でタイトルが獲得できるという状況になったのである。

そしていよいよシーズンの最後となったとき、中島のいる西武と対戦することになった。西武はこの時点ですでに優勝を決めてしまっているから、いわば消化試合である。しかし、リックはタイトルがかかっていたし、楽天にとっても最下位になってしまうかどうかの瀬戸際となる、大切な試合であることには変わりはなかった。

もしリックが試合を欠場し、中島の打席をすべて敬遠すればリックの首位打者は確定する状況だった。そしてタイトルを獲得したら、その後の彼の契約のインセンティブ（報奨金）にも大きく影響してくる。

そのことをわかっていた私は、「リックにタイトルを獲らせるためにも、この試合は欠場させましょう」と野村監督に伝えにいったのだが、監督はけっして認めなかった。

「お前、オレの野球がまだわかってないのか？　リックは大切な戦力なんだから、試合に出場させるに決まっているだろう」

と言うのだ。

驚いた私が、

「リックが首位打者を獲れなくてもいいんですか⁉」

と監督に再度確認すると、

「首位打者？　そんなの獲れなくたって仕方ないだろう、勝負の世界なんだから。それと中島ともウチの投手は勝負させるんだぞ」

と言われてしまった。

そこまで言われたら、リックを試合に出場させて、中島とも勝負を避けるわけにはいかない。試合前、西武の渡辺久信監督も、

「タイトルがかかっているから、リックは出場させないんだろう？」

とさぐりを入れてきたが、私が、

「ウチの監督はタイトルとか関係ないから、いつもどおり、リックを出場させるよ」

と言葉を返すと、渡辺監督は、

「そうか……それはすごいな」

と思わず感心していたのだった。

そしていざ勝負をしてみると、楽天の投手陣は中島を抑え、最終的にリックは3割3分2厘、中島は3割3分1厘と、わずか1厘差で首位打者のタイトルを獲得したのであった。リック本人はシーズン終盤になると、「こんなチャンスは滅多にないのだから、首位打者のタイトルはなんとしても獲得したい」と話していた。私たちもできるかぎりのサポートをしてあげたいと考えていたのだが、野村監督に見事に待ったをかけられてしまった。

このエピソードからもおわかりのように、監督はいかなる場面でも「チーム至上主義」を貫いていた。いかなる場面においても、チームに貢献することが、個々の選手の最大の役割であると考えていたのだ。

チームの勝利というものは、そのチーム全体を同じ方向に向ける力があるのだ。これが個人タイトルでは、チームは結束しない。シーズンも終盤になってくると、チームが一つになっていないと勝つことはできない。

だからこそ、チームを一つに集結するいちばんの方法が、個人よりもチーム至上主義を貫くことなのだ。**誰かが自己犠牲を払ってでも得たチームの勝利によって、組織はまとまっていくのだ。**

選手のインタビューを聞けば、その組織の強さがわかる

チームの教育がしっかり行き届いているかどうかは、試合後のインタビューを聞けば、よくわかるものだ。これはその人の言葉から、知らず知らずのうちに、本音の部分が見えてくるからだ。

だから野村監督はコーチの私たちに、テレビや新聞などのメディアで発言する際の心得について、選手たちに指導しておきなさいとよく言っていた。

楽天時代にこんなことがあった。ある選手が移籍してきて、インタビューを受けていた際、

「○○選手の今年の目標はなんですか？」

と質問された答えが、

「3割、30本以上の本塁打を狙います」

であった。野村監督に言わせると、こんな発言はチームを無視した個人主義以外の何物

でもないそうだ。

たしかにチームのことを優先に考えていたら、「優勝です」という回答が最初に出てくるはずだ。事実、王さんが福岡ソフトバンクの監督時代、小久保裕紀や松中信彦らチームの中心選手たちは必ず、「今年は王さんを胴上げしたいです」と答えていたものだ。

彼らもリーグ優勝や日本一を経験して、その喜びを実感したからこそ、口から出た本音の言葉なのであろう。

野村監督は小久保や松中のこういったインタビューを見聞きするたびに、「王はしっかり教育しているなぁ。ああいう考え方をチームリーダーがしていくとチームは強くなるんだ」と、よく話していたのを思い出す。事実、監督が秋山幸二さんに代わっても、いい意味での王イズムを受け継ぎ、今年、見事にリーグ優勝を果たした。

「15勝したいです」、「本塁打王を獲りたいです」などと**個人のことしか話さない選手のいるチームは、強くなることはあり得ない。**強い組織とそうでない組織との差は、こうしたところから読み取ることができるのだ。

これからスポーツ番組を見る際は、こういったところに注目してご覧になることも面白いかもしれない。

味方のチャンスは相手のピンチ

ここで一打出れば、自チームに決勝点が入る……そんなシーンで打席に立つバッターのなかには、過剰に緊張してしまい、実力を出し切れない選手もいる。

そういった選手に対しては、野村監督は、「味方のチャンスは相手のピンチだということに気づきなさい」と言っていた。

なんとしてもこの場面でヒットを打たねばと、プレッシャーに感じるのではなく、よく状況を見てみなさい。実は自分はチャンスに打席に立っていて、相手のチームはまさに試合に負けるかどうかのピンチなのだということに目を向け、優位な立場で立ち向かっていきなさいという指摘だ。

もちろんそれだけではなく、データなどを頭に入れて、事前の準備も万全であれば、なお追い詰められることなどないはずだ。

「ここいちばん」という場面で、プレッシャーを感じている選手は、「ここで抑えなかったらどうしよう」、「ここで打てなかったらどうしよう」などと、必要以上にマイナスの気持ちが芽生えてきてしまっていることが多い。

しかもこれが１軍に上がりたての、まだ経験の浅い選手だったりすると、「ここで打てなければ２軍に落ちてしまう」などと考えてしまい、傍らから見ていても緊張でガチガチになってしまっているのがわかる。これでは勝負の前から結果が見えている。

あまりにも緊張しすぎているような選手に対しては、野村監督は、

「たかが野球だろう。別に命までくれと言ってるわけじゃないんだから、覚悟を決めて向かっていけ」

と言っては、少しでもその選手の緊張をほぐそうとしていた。

プレッシャーというものは、ある意味、感情的な視点にとらわれているときに、制御不能になってしまうのかもしれない。だからこそ、そんなときに**冷静な客観的視点で状況を見ることで、我に返れることもあるのだ。**

「味方のチャンスは、相手のピンチである」という教えは、まさにそういった状況把握の勧めなのである。

プロであるからには、その仕事の専門家になれ

名選手たちは、きまって強烈なプロ意識を持ち合わせているものだ。プロとしてのこだわりは、選手によってさまざまな表れ方をするものだが、そのこだわりこそが、プロとしてのプライドの証明でもある。

ここでは、野村監督の強烈なプロ意識の一端をご紹介しよう。以前、監督から直接聞いた話なのだが、港東シニアというシニア・リトルリーグのチームの指導をしていたころ、相手チームの攻撃で1死3塁という場面になったとき、スクイズをやってきたという。そのとき、打者はバッターボックスから出てスクイズバントを試みたそうだが、審判はすかさずアウトを宣告した。

野村監督はてっきり「打者がアウトになったんだな」と判断していたら、審判は「3塁走者がアウト」と言うではないか。「子どもたちの野球だからてっきり審判が間違ってジャッジしたんだな」と思い、念のため審判に確認しに行ったら、「この判定は自信をもっ

て走者がアウトだと言えます」と、胸を張って答えたという。野村監督は、「そんなバカな」と驚いてしまったそうだ。

その後、新聞社の仕事で東京ドームに行く機会があったときに、審判室に直接行って、そのときのプレーを再度確認してみると、「少年野球の審判の方が言っておられたのは正解です。野村さんが間違っていますよ」という答えが返ってきたという。さらにルールブックで確認してみると、まさしく2人が言っていたとおりだった。

このとき2度も恥をかいた監督は、「プロ野球選手は、技術論だけ知っているのではダメ。ルールもすべて知っている野球の専門家にならなくてはいけない」と考えたという。

こうした経緯があったため、監督からは現役時代はもとより、楽天でヘッドコーチになってからも、「技術論だけではなく、細かいルールでもなんでも知っておいて野球博士になりなさい」と口酸っぱく言われつづけた。ルールを解説するミーティングなどもときどき行なわれ、どこまで選手たちが理解しているか、筆記テストまでしたこともあった。

その背景には、監督自身が細かなルールを知らなかったがゆえに、こういった恥ずかしい思いをした経験があるからにほかならない。

この「恥」の感覚こそ、野村監督の強烈なプロ意識なのだ。自分の知らない知識だったとしたら、「細かいルール」なのだから仕方がない、と受け流してしまう人もいるだろう。しかし、野村監督は違うのだ。

自分の仕事であり、**その道のプロであるにもかかわらず、その仕事において無知な部分があるということが、どうしようもなく恥ずかしく、許せないのだ。**

私も2010年は、野球評論家という肩書で、試合の解説の仕事をさせていただいたが、この野村監督の教えのおかげで、自分が野球に関して発言したり、文字にすることには人一倍、責任をもっていたつもりだ。

普段からルールブックを読んで、奇想天外なプレーが起こっても、「わかりません」などと言うことがないように、できるだけ知っておこうと考えていた。

プロである以上、自分の仕事に対して、専門家とならなければならない。そういったプロ意識と、恥の意識が、自分を磨き、能力を向上させていくには欠かせないものだと、野村監督はつねに言っていた。

「いいものはなんでも取り入れよう」という貪欲さ

２０１０年のシーズン成績は、残念ながらパ・リーグ2位という成績に終わってしまった西武だが、チーム本塁打数はリーグトップの成績であった。これには途中退団した大久保博元前2軍打撃コーチの存在を無視できない。

大久保は、水戸商から84年ドラフト1位で西武に入団し、92年のシーズン途中で巨人にトレードされた。

そして95年に現役引退した後は、解説者やタレント、プロゴルファーなどの活動をし、渡辺久信監督が08年に西武の監督に就任してから、1軍打撃コーチとして古巣に返り咲いたのである。

その大久保が指導した点で注目されたのは、「アーリーワーク」と呼ばれる、メジャー流の早朝練習である。実際に私も楽天時代に西武と対戦していて、大久保が打撃コーチに就任する以前と以後では、打撃が大きく変わったことを実感した。

実際、2008年のシーズンでは、西武はリーグ優勝し、日本シリーズでも巨人を破って日本一になった。

それに加え、中村剛也が本塁打王、中島裕之が最高出塁率のタイトルを、最多安打のタイトルにいたっては片岡易之と栗山巧の2人が獲得したほどだった。

この年は西武と対戦すると、しきりに野村監督が、「西武は去年よりも打撃力が向上したな」と話していたのを思い出す。

監督自身、西武との試合前、渡辺監督に「お前ら、よう打つな」と声をかけたら、「デーブ(大久保の愛称)の指導のおかげです」という答えが返ってきたと言っていた。

それで野村監督も、「大久保の指導はそんなにいいのか⁉」と驚き、当時、楽天で打撃コーチを務めていた池山に、「西武の打撃がよくなった秘訣を、大久保のところに行って、直接聞いてこい」と促したほどだった。

この年の西武の打撃は、まさに野村監督が好むようなものだった。肩が開かず、ヘッドも下がらない。おまけに上体がぶれずに重心は後ろ足に残し、スイングの軌道も並行である。

以前の西武ならば、腕力にまかせてスイングしていたり、引っ張り専門の打者が多かったのだが、そうした打者がほとんどいなくなり、監督の目からすると、「理にかなった打ち方」をしている選手がものすごく増えたという。

それが打撃成績、ひいてはチームの成績にも反映されたのだから、監督からすると気にならないはずがなかった。

西武戦の試合前になると監督はよく、「西武は足の速い選手が多いし、打撃もセンターを中心とした基本どおりの打撃をするから、見ていて気分がいいな。その点、ウチの打者はどうなんだ」と私にこぼしていたものだ。

そこで、西武が仙台でナイトゲームの際には、「西武の練習のとき、池山を見学させたいんだけどいいかな?」と西武の球団関係者にお願いし、大久保がいったいどんな練習をさせているのか、つぶさに研究させていた。そして池山だけでなく、私もどんな練習をするのかが気になって、西武の打撃練習を見学させてもらったこともあった。その見学の詳細は、つねに野村監督に報告されていた。

ライバルチームであっても、いいものはいいと素直に認め、具体的にどういうことをしているのか探ろうとする、監督の研究心の旺盛さにはつねに驚かされていた。ふつう、これだけの実績も残した名監督ともなれば、まわりよりも一段高いところに上ってしまいがちだが、新しい知識を得るということにおいて、そういった変なプライドは、監督はもたないのだ。

敵チームだろうが、どんなにキャリアの浅い若手のやっていることであろうとも、「いいものだ」と思えば、貪欲に吸収しようとする姿勢が、野村監督のあくなき向上心の表れだったのだろう。

「野村の教え」を引き継ぎ、宮本は嫌われ役を買って出た

２００８年の北京オリンピックでは、残念ながらメダルを逃したせいか、大会終了後にはマスコミがこぞって「戦犯探し」を行なっていた。そのなかでヤクルトの宮本と一部若手選手との確執なども、一部の報道で取りざたされた。

オリンピックの代表選手に選ばれた選手たちは、所属のチームに戻れば中心選手としてバリバリ活躍している連中ばかりである。当然プライドは高いだろうし、「オレが活躍すれば勝てる」と思っていた選手だっていたはずだ。

しかし、いい選手を集めただけでは勝てないのが、野球というスポーツの不思議なところである。どんなに力のより優れた選手たちが集まっても、技術力や身体能力を結集しただけでは、優勝はおろか、試合に勝つことだってできない。

このときのチームには、和気あいあいといえば聞こえはいいが、実際は「みんなに悪く思われたくない」という思いが先行して、言いたいことも話し合えないような遠慮がちの

雰囲気があったという。そこで宮本はあえて「嫌われ役」を買って出た。つまり、「各選手に直接言いにくいこともバシバシ言って、チーム内に一種の緊張感を生んでいった」のである。

思えば野村監督がヤクルトの監督に就任した当初も、北京オリンピックの代表チームと同じような雰囲気であった。「仲良し同好会」的な雰囲気があり、プロのチームでありながらプロではない、そんなムードが漂っていたのだ。

あるレギュラー選手がミスをしてベンチに戻ってきたとき、ベンチの控えの選手が「ドンマイ、ドンマイ」と元気づけていた。アマチュアでは許される行為であっても、曲がりなりにもプロと呼ばれるような選手であればこのような行為はけっして許されるものではない——就任後、こうした光景を見た野村監督はそう判断したのであろう。

「ミスを笑って許すとは何事だ！　だからいつまでたっても同じ失敗を繰り返すんだ。プロである以上、ミスは許されない。戦うプロの集団のやるべきことじゃない！」

こうベンチ内にカミナリを落としたのである。ベンチ内は一気に緊張感が走ったのは言うまでもない。

その後、ヤクルトのベンチ内ではたとえエラーした選手がいても、なぐさめの言葉をかけることはせず、ワンプレーをめぐって選手同士であれこれ言い合う光景をよく目にするようになったのである。


宮本がヤクルトに入団してきたのは95年（94年ドラフト2位でプリンスホテルから入団）であるから、すでにヤクルトは常勝チームへと変貌していたころであった。だから宮本自身、野村イズムを自然と受け入れることができたし、また入団した年にオリックスを破って日本一にもなったので、**「組織には、厳しいことも言える嫌われ役が必要だ」**ということを身をもって経験していた。

だからこそ、宮本は北京オリンピックの代表チーム内に漂う和やかムードの雰囲気に対し、違和感を覚えていたのではないだろうか。エラーをした選手に対し、「ドンマイ」と言える空気があったのは、昔、負けグセのついていたヤクルト時代のそれとなんら変わらなかったのである。

宮本も、「あえて嫌なことを言うのは、僕だって正直なところつらい。でも誰かが言わないとチームがまとまらないというのであれば、そうした役は代表チーム内で年長者の僕が買って出るべきなのかなと思ってやっていた」と私に話してくれたことがある。

誰だってみんなから好かれたい、よく思われたいと考えるものだ。しかし、チームをよりよい方向にもっていこうとするのであれば、指導者やリーダーの立場にいる人間ほど、選手（部下）のことをいちばんに考えて、ときには厳しいことも言わなくてはならない場面だってある。そのことを知って、チーム内で汚れ役を買って出た宮本に、野村イズムがいまだに脈々と受け継がれていると私は思った。

勝った試合後でも、ミーティングが長時間になる理由

ほんの少しの差で試合に負ける――これはプロ野球のすべての試合に言えることなのだが、たとえば優勝したチームが勝率５割４分。最下位のチームが勝率４割４分。こんなことは日常茶飯事だ。

１点差で勝つ、負ける。これもしょっちゅうあることだ。ほんの少しの差が積み重なって、シーズンが終わってみたら、上位から下位までの勝率が、１割から１割５分の差になるというわけである。

それゆえ野村監督は、たとえ勝った試合であっても、納得のいかない場面があったら、繰り返しミーティングを行なった。そうして少しでも、自分の理想の野球に近づけようと努めているのである。

監督が納得のいかない場面とは、自分の思い描く理想とかけ離れたプレーということができる。だから、いくら好投して勝利をもたらした自軍のピッチャーであったとしても、

そのフォームが監督の思い描く理想と違っているということで、延々と試合後のコーチミーティングが続いたことは何度もあった。

これは、バッターについても同じだ。いくらいいバッティングで勝利に貢献したとしても、「あいつのバットがおかしい」ということでミーティングの題材となったこともある。

つまり、目先の勝った、負けたとは違った視点から、野村監督の指摘は始まるのである。だから、勝ち試合でも、試合後のミーティングは長時間になることもあるのだ。福岡のヤフードームでは、球場内にミーティングルームが設けられていることもあり、試合後、球場でコーチミーティングをしていたのだが、それが長時間に及ぶと、帰るときに、ソフトバンクの若手たちとかち合うことがときどきあった。

向こうは若手だから、試合後の練習やら、ウェイトトレーニング、風呂も浴び終わったところだろうが、こちらのことを、「勝ったのにまだ、ミーティングやってたんですか」と言わんばかりに不思議そうな顔で見ていたものだ。

それだけ勝ち試合であっても延々とミーティングを続けた野村監督であったが、それは、目先の勝利に満足しない姿勢の表れでもあった。そして何よりも、**監督のなかにある明確な理想への、飽くなき向上心の証**でもあった。

監督留任「あと1年」にこだわった本当の理由

２００９年のシーズン終了からクライマックスシリーズの期間中、マスコミはこぞって野村監督の解任に関するニュースを、連日にわたって報道していた。

監督は、「あと1年だけ、指揮を執りたい」と訴えていたのだが、その願いもかなわず、楽天を去ることになった。

監督が「あと1年」にこだわったのは「ある理由」があったからだ。

お金のためでもなければ、監督の座にしがみつきたかったからでもない。「ようやく育ちつつある選手たちをさらに鍛え上げて優勝し、優勝の喜びをみんなに実感してほしかったから」だという。

優勝を経験することによって、チームというのはずいぶん大きく変わるものなのだ。これればかりは、実際に優勝しないとわからないのだが、**優勝の喜びを感じてしまうと、個人の記録がどうのといったことなんかよりも、心底、チームの勝利のほうがすばらしいとい**

うことが感じられるのだ。

個人主義ではなく、チーム至上主義といったものを、自然と選手たち全員が理解し、実践できるようになってくるのである。そして、あの喜びをもう一度味わいたいと、さらにチームは上のレベルへと生まれ変わっていく。

私が現役時代にいたヤクルトも、野村監督が就任する前までは弱小チームであった。当時のセ・リーグは、巨人、中日、広島が優勝争いの常連に名を連ねていたのだが、「ヤクルト戦で白星を取りこぼしたら優勝がなくなる」とさえ言われるありさまだった。

それを野村監督が就任してからは徹底的に選手を厳しく指導した結果、就任3年目の92年に14年ぶりのリーグ優勝を遂げることとなったのだ。

優勝した試合で私は右翼を守っていたのだが、最終回にフライが飛んできたときには、ドキドキしながらキャッチしたのを、いまでもはっきり覚えている。

そして優勝が決まって、マウンドに駆け寄り、選手全員で喜びを爆発させた瞬間は、死ぬまで忘れない出来事だ。

09年、楽天が2位という成績で終えたとき、私は楽天と91年のヤクルトが、驚くほどダブって見えた。当時は広島、中日に次いで3位となり、それまで強敵と思えた巨人よりも上の順位でシーズンを終えることができたのだ。「おいおい、来年は優勝も狙えるんじゃないか」などと、選手間で話していたほど、この年の成績に手応えを感じていた。

翻って楽天に目を向けると、山﨑や鉄平、岩隈ら多くの選手たちも、「来年はひょっとしたら……」と思っていたとしても不思議ではない。もちろん、楽天を温かく応援してくれているファンだって、選手たちと同じ思いを抱いていたはずだ。

しかし、野村監督は監督の座から下り、広島の監督を務めていたマーティー・ブラウンが新監督となったものの、結果は最下位であった。

人生において、「たら、れば」は禁句だと承知しているが、「もし、今年も野村監督が楽天の指揮を執っていたら……」と思うのは、けっして私だけではないはずである。

たった一度だけ見た野村監督の「涙」

日ごろ選手には厳しい野村監督であるが、たった一度だけ、涙を見せたことがある。プロ野球ファンはいまでも覚えているかと思うが、09年のクライマックスシリーズ第1ステージ初戦、仙台で福岡ソフトバンクを迎えた試合前のことである。

野手全員を集めてのミーティングを始める前、監督に私が呼ばれ、「オレのほうからみんなにちょっと話したいことがあるから、ミーティングが終わったら呼びに来てくれんか?」と言うので、ミーティングを終えた後、投手と捕手も集合させて、監督の話を聞くことになった。そこで監督が静かに、ゆっくりとした口調で、次のような話を始めた。

「今日からクライマックスシリーズが始まるけども、まずは第1ステージを勝ち抜こう。それと私事で申し訳ないが、フロントから解任を正式に通告された。

自分としては、君たちの成長した証として、リーグ優勝するところがどうしても見たかった。もう1年、監督をやることができれば優勝できるという自信があったのだが、君たちと野球ができなくなるのは非常に残念で仕方がない。だから少しでも長く君たちと一緒に野球がしたい……」

と話した直後、大粒の涙を流しはじめた。

そして続けざまに、「まだまだ発展途上のチームなのに、中途半端な形で辞めざるを得なくなったことは、君たちにとっても申し訳なく思う」と話した後は、言葉にならなくなって、「ごめん」と言って、監督室に戻っていったのである。

こうした話が試合直前、しかもクライマックスシリーズという大事な試合の前に監督の口から出たので、選手たちの心理に動揺を与えないかどうか、私は心配していた。

しかし、試合は楽天が４本の本塁打を放ち、先発の岩隈が見事に完投勝利で期待に応えてくれた。そして第２戦目も田中が完投し、第２ステージへ進むこととなった。

山﨑、草野といったチームの中心選手が、「監督のために、もうひと踏ん張りするか」と意気に感じてくれた結果、チームも「ようし、やってやるぞ！」という結束を強めることとなった。

第２ステージでは残念ながら日本ハムに敗退したのだが、いま思えば選手たちが普段以上に集中して試合に臨めたのは、野村監督の涙による効果があったのかもしれない。

勝ち続けることの難しさを知っていた野村監督

野村監督はヤクルト時代、92年のリーグ優勝を皮切りに、93年、95年、97年と1年おきにリーグ優勝、そして日本一に輝いた。しかし94年、96年は4位の成績に終わった。この1年おきの優勝をご覧いただければ、連覇というものがどれだけ難しいことなのかおわかりいただけると思う。

優勝できた翌年は、自分では気づかなくても、どうしても気の緩みが出てきてしまうものなのだ。これはもちろん、選手にも責任はあるのだが、それをよしとしてしまった監督にも責任があると、野村監督は話していたことがある。連覇をするためには、前年以上の厳しさと努力が必要となってくるのだ。

翻って、野村監督とほぼ同時期に西武の監督をしていた森祇晶さんは、86年から88年までの3連覇、90年から94年までの5連覇と、西武での9年の監督在任期間中、8度のリーグ優勝と６度の日本一を達成している。

森さんが西武であれだけ勝ち続けられたのも、「川上さんの下で、どのように手綱を締めればいいいか、きちんと教育されているからだ」と、事あるごとに川上さんを引き合いに出しては、監督はほめていた。

監督はＶ９時代に行なったとされている川上さんの人間教育について、森さんから聞いて大いに学んでいたという。「野球人である前に、一人の人間であること」を厳しく説いた川上さんのミーティングでの姿勢は、野村監督とどこかダブって見える。

川上さんはそうしたミーティングを選手を前に頻繁に行ない、自らも座禅を組んだり、高僧を招いて講演をしてもらっていたという。

なかには、「王さん、長嶋さんを筆頭とした、タレント揃いのメンバーだったから、巨人は９年間勝てたんだ」と言う人もいるかもしれないが、それは違うと、監督は言っていた。「一度なら誰がやっても勝てたかもしれない。だけど**９年間も勝ち続けるというのは、裏づけされた理由がないと達成できるもんじゃない**」と、その偉業を素直にたたえていた。

常勝集団をつくることの難しさを、野村監督は身をもってわかっていたといえるのだろう。

勝ってまとまるのがプロ集団、まとまって勝つのがアマ集団

阪神の監督を退任された後、シダックスの志田勤会長の誘いもあって、社会人野球の監督を務めることになった野村監督は、アマチュアとプロとの違いを肌で実感したという。

そのなかで、試合を見に来るお客さんとメディアの露出度の少なさには、本当に驚いたそうだ。

この点については、プロ野球がいかに恵まれた環境のなかで試合ができているか、ということをつくづく思い知らされたと、話していたことがある。

そこで楽天の監督になってからは、試合後に必ずインタビューを受けていた。自分のコメントがメディアに広く伝えられることによって、「楽天の試合は面白そうだから、見に行ってみよう」と、新たなファンを獲得するきっかけになればいいという思いが、強く働いていたそうだ。

次にプロとアマの違いで驚いたのは、「志の高さ」であった。アマチュアの選手は「プロを目指してがんばろう」という目標をもちながら野球に取り組んでいるのだが、プロの場合だと、プロの世界に足を踏み入れることができたことに満足してしまい、そこで目標を失ってしまう選手が、意外と多いことに気づかされたという。

よく監督は、**「プロ野球選手になることがゴールじゃないんだぞ」**と言っていたのだが、それはシダックスの監督をしていたときの経験から、言わせている言葉なのではないかと思っている。

そして、これは決定的ともいえるのだが、「プロは勝っていくことによってチームが結束していくが、アマチュアはチームが結束していくことによって勝てる」という点である。

社会人野球の場合だと、都市対抗、日本選手権といずれの大会も、「負けたら終わり」のトーナメント方式の戦いである。

そのため、勝つための最善の策を考えたときに、チームとしてみんなが同じ方向を向いていなかったら、試合に勝てる確率が低くなる。

ところが、プロは1シーズン144試合という長丁場の戦いだ。選手のコンディションと能力を考えながら戦い、シーズンの終盤になると優勝争いのなか、緊張を強いられるような試合が続くことだってある。そのときに勝ち続けることによって、「優勝に向かってチーム一丸となっていこう」と団結力が生まれてくるのだ。

そうしたなか、プロもアマチュアも変わらない点はというと、チームを強化するうえでいちばんのポイントは、監督の力量のレベルアップであるという点である。組織はリーダーの力量以上にはなり得ないという、監督の名言は、アマでもまったく同じことがいえるのだ。

いまでも責任感のある選手は
ケガを隠して試合に出る

一流選手の条件の一つに、「ケガに強いかどうか」という点が挙げられる。「たとえケガをしていても、言わなければケガではない」そう言い切る選手だっているほどだ。

もちろんケガをしないに越したことはないが、長い間、現役生活を続けていれば、体のどこかを痛めるのは、仕方のないことである。しかし、多少のケガで休んでいては、自分のレギュラーポジションを他の選手に奪われる可能性だってある。

野村監督自身、現役のころはつねにレギュラーポジションを死守するための戦いの日々だったという。数多くのタイトルを獲得した選手だからといって、いつまでもレギュラーでいられる保証など、どこにもない。だからこそ、監督は骨折しようと、スパイクされて何針も縫う大ケガをしようと、脂汗を流しながら試合に出場しつづけたという。

私の若いころもそうだった。特にチームが成長過程にある時期だと、各ポジションのレギュラー争いは激しいものだ。そこを勝ち抜くには、多少のケガであっても、痛いのかゆいのだのと言っていられなかった。

たとえば、試合中に太ももを肉離れしてしまったとする。普通にしていれば、とても翌日の試合に出場できるコンディションではない。だが、腫れている太ももをきつくテーピングをし、最善のケアをし尽くしてでも試合に出場している選手もいた。慢性的なひじの痛みを抑えるために、痛み止めを常用して、胃を悪くしているような選手さえいたものだ。すると、それを見ていた他の選手は、「ここが痛い、あそこが痛い」などと、申し出ることはできなかった。

「自分はこのくらい成績を残しているから、ケガをおしてまで出場しなくてもいいだろう」という弱気の虫が出てきてしまうと、「フォア・ザ・チーム」の精神に反してしまう。

本当に「チームのために」と考えているのであれば、**試合を休んで自分が楽をすることによって、どれほどチームに迷惑をかけているのか、しっかりと認識しなければならない。**

ただし投手については、私たちもできるだけサポートするようにした。特にエース級の投手の場合、肩やひじに違和感を覚え、それでも無理して投げさせてしまうと、後々になって取り返しのつかない事態になりかねない。そこで損をするのはケガをした当人だけでなく、チームにとってもマイナスだ。そのため、細心の配慮をしていたのであった。

ノムラの健康法

監督は在任期間中、健康には気を使われていた。よく言われていたのが、「『亀は万年』という言葉があるように、亀はなんで長生きできるか考えたことがあるか？　亀は食べるときと移動するとき以外は体を動かさんだろう。だからオレは現役を引退してからは、これといったスポーツをしていないし、家ではのんびり過ごすようにしているんだ」。

監督はこれを**「亀理論」と命名し、「動かないことが長生きできる秘訣」だと解釈していた。**「よくジョギングしたりする人が、病気になったりするのは、動くからだ」とまで言っていたくらいだ。

事実、２月に行なわれる沖縄キャンプでは、グラウンドからブルペンまでたいした距離でもないのに、歩いて移動するようなことはせず、ゴルフ場で使用しているカートをマネージャーに運転させて移動していたほどだった。

歩いていけるような宿舎などへのちょっとした移動も、必ずタクシーを使うような徹底ぶりだった。

また、「健康にいい」というものは、ありとあらゆるものを試していた。トマトジュースや青汁、お茶……挙げればキリがないほどだ。そのうえ、肉類や魚介類、さらには食物繊維が多く含まれた野菜や海藻などをバランスよく食べていた。しかも一度の食事で3人前くらいはペロリとたいらげていたのだから、年下の私から見ても、よく驚かされていた。

遠征先のホテルだと、ほとんどがバイキング形式の食事となるのだが、監督は並べられた料理のところに行っては、「よしこれ。次はこれな」と言いながら、20～30種類くらいの料理をとってきてテーブルの上に並べていた。

そしてそれを、「ちょっと取りすぎたかな」などと言っておきながら、必ずすべてたいらげていた。それも2時間から3時間くらい、ゆっくり時間をかけて食べるのだ。

ゆっくり時間をかけて食べるということは、料理の風味や食感、香りなどを楽しむことができるから満足感を得ることができる。しかも早食いだと胃での消化が悪いから、胃への負担がかかりやすい。

そういう意味からも、いろいろな食材をバランスよく、長時間かけて食べるということは、体のためにもとても理にかなっていることだったのかもしれない。

負けた理由を徹底的に洗い出す、試合後のミーティング

負けた試合には必ず理由がある。そこで、試合後のミーティングは徹底的に行なわれた。たとえば西武と対戦し、4番の中村剛也に、決勝本塁打を打たれたとしよう。その際、考えなくてはいけないのは、中村に対する攻め方を研究していて、データどおりに攻めたものの打たれてしまったのか、それとも、データとはまったく異なる攻め方をして打たれてしまったのか、どちらなのかということだ。

もし前者の場合であれば、打たれた原因は2つ考えられる。

一つは、「コントロールはきちんとしていたものの、球威不足だった」。もう一つは、「単なるコントロールミス」。

球威不足の場合だと、先発投手を引っ張りすぎて、そろそろ交代時期であるにもかかわらず、継投でつなぐことができなかったということが考えられる。

これであれば、打たれた投手よりも、交代時期の見極めができなかった首脳陣に責任が

ある。

しかし、単なるコントロールミスで打たれたのであれば、投手の責任だ。次に対戦するときまでにコントロールの精度を高めるにはどのような練習をしていけばいいのか、調整の段階で落ち度はなかったのかなど、コーチと投手が話し合って決めていく。そうすることによって、次の試合に登板したときに、同じミスを防ぐ確率は高くなる。

「データとはまったく異なる攻め方をして打たれてしまった場合」には、捕手を呼んで、なぜそのコースにその球種を投げさせたのか、根拠を聞き出すことになる。

基本的にコーチたちは今日の敗因となるポイントを各自認識しているから、バッテリーコーチが試合後のコーチ会議が始まる前に、あの配球の根拠はなんだったのか、キャッチャーに事前に確認することもある。

打者に対しても同じことがいえる。たとえば日本ハムのダルビッシュ有が先発だったとする。ダルビッシュクラスになると、いまや球界を代表するエースだから、そう簡単には点を奪うことができない。

そこで、各打者の初球はどんな球を投げてくる確率が高いのか、あるいは走者を１塁に置いたとき、２塁に置いたとき……などと走者が塁上にいた場合はどんな配球をしているのかを、各選手にデータを伝えて試合に臨ませていた。

とはいえ、何を投げてくるか、おおよその見当がついたところで、そう簡単に打てるものでもない。そこで狙い球をきちんと絞れていたのにもかかわらず打てなかったとしたら、それは単なる技術不足なのか、それともギリギリのストライクコースだったので手が出なかったのかなど、打てなかった理由について、とことん考えていく。

負け試合のあとは、こういった敗因のピックアップと検証をきっちりやることで、次の試合での同じ過ちを防がなければならない。

シーズン開幕前に一度だけある監督とスタッフの食事会

春季キャンプが終わり、オープン戦も終盤にさしかかってくると、いよいよシーズン開幕も間近となる。そうした時期に、監督は選手を除くコーチや裏方さんらスタッフ全員を集めて食事会を開催していた。半年間、家族よりも長い時間を過ごすことになるからこそ、結束力を高めなくてはならない。そういう意味合いも含まれていたのだと思う。

ここで全員を前にして、監督がスピーチを始める。

「今年はこのスタッフで1年間、戦っていきましょう。シーズンが始まり、オレも試合にのめり込んでしまうと、勝ちたい一心で君たちに嫌みを言ったり、つらく当たってしまうことがあるかもしれない。けれども、それはけっして悪気があってのことではないから勘弁してもらいたい」

そう言って、決意を新たにシーズンに臨んでいくのだ。

たしかにシーズンに入ると、ベンチ内はたいへんんだ。「ウチのこの選手とあの投手との

「相性はどうなんだ？」と聞かれ、「あまりよくないですよ」などと答えると、「なんだと！　それをどうして早く言わないんだ。それを知っていたら、この場面であいつを起用しないだろう！」などとこっぴどくしかられることもある。

そんなことがあってからは、代打を起用する際には、監督はＡという選手を起用したいと言っているが、私たちが過去の対戦データからＢという選手の起用を薦めたりもするようになった。しかしいざ使ってみたものの凡退してしまったとなると、「橋上、お前の推薦もろくに当たらんなぁ」とボヤかれたりもするのである。

こうしたことを隣で聞いていると、正直しんどいなあと思ったこともあったが、そんなときに、「ああ、そういえば開幕前に監督は、どんなことを言っても『悪気はないから』って、みんなに伝えていたな」と思い、気持ちを静めることができたのだ。

チームの先頭に立って舵取りをする指揮官だからこそ、負けたときの責任は重い。勝負にのめり込むあまりに、ときにはスタッフもたいへんな思いを強いられるが、「開幕前の食事会」で、監督が自分の性格を包み隠さず伝えてくれていたからこそ、私たちもサポートすることができたのである。

技術向上のためには「模倣」から始めよ

野村監督は技術の習得のためには、一流選手の模倣から始めなさいとよく言っていた。

プロ野球界ではこれまでも、その時代、その時代で活躍している一流選手の模倣が流行ることがあった。

王さんが一線で活躍しているときは、一本足で打つ人が多くなり、落合さんが出てきてからは、落合さんの構えを模倣する選手が多かったこともある。

なぜ、このようなことが起こるのだろうか。それは、一流といわれる人のフォームには、必ず貴重なヒントが隠されているからである。

輝かしい成績を残している選手は、必ずその体の動きが理にかなったものである。この選手をまねしてみようと、一つひとつの動作を細かくまねしていくと、自然とその「理にかなった動き」を実感できるのだ。

技術とはいくら言葉で教えられても、身につくものではない。それは感覚的なものだから、自分が実際に体感することでしか技術的進歩は起こらない。だからこそ、名選手を模倣することで、いままで自分がしてこなかった体の動きを実感することができ、大いに参考となるのだ。

また、**模倣することで、自分の欠点にも気づきやすくなる。これまで無意識にやってきたこと、当たり前と思ってやってきたことの間違いに気づくのだ。**これも、言葉で指摘されただけではピンとこないが、体を使って模倣してみて納得できることだ。

こういった模倣することの利点は、野球以外のどのような技術習得にも有効なことだろう。たとえばある企業のなかで、とてもプレゼンのうまい同僚がいたとしよう。どうにか自分もプレゼンがうまくなりたいと考えるのであれば、その同僚の仕事を徹底的に模倣してみてはどうだろうか。

プレゼンの下準備から資料の使い方、話し方、身ぶり手ぶりや、座り方、立ち方まで、すべてまねしてみるといい。きっと、どこかに「これはいい」と思えるヒントを感じるに違いない。

そしていちばん役に立つであろうことは、無意識にやっていたこれまでの自分のプレゼンの間違いに気づくことではないだろうか。

構成・編集／小山 宣宏
本文デザイン／伊藤 淳（アトリエ・ジャム）
校正／萩原 恵子
写真撮影／天野 憲仁（日本文芸社）

●著者紹介

橋上秀樹（はしがみ・ひでき）

元・東北楽天ゴールデンイーグルスヘッドコーチ。

1965年生まれ。千葉県出身。安田学園高校から1984年ドラフト3位でヤクルトスワローズに捕手として入団。のちに外野手に転向。主に終盤の守備固め、対左投手用の勝負強い代打として活躍。1992年に左翼手のレギュラーを獲得。渋いバッティングでチームのリーグ優勝、日本一に貢献した。1997年に日本ハムファイターズ、2000年には野村克也監督に請われ阪神タイガースに移籍し、この年限りで引退。

2005年、新規参入した東北楽天ゴールデンイーグルスの二軍守備走塁コーチに就任。シーズン途中に一軍守備走塁コーチに昇格。2007年にヘッドコーチに昇格し、2009年まで務めた。

ヤクルト、阪神、楽天の3球団で、現役選手として、またコーチとして、野村監督の薫陶を12年間にわたって受ける。

2011年よりBCリーグ・新潟アルビレックス・ベースボール・クラブの監督に就任。

著書に『野村の「監督ミーティング」』（小社）がある。

野村の授業
人生を変える「監督ミーティング」

2010年11月30日　第1刷発行

著者
橋上秀樹
発行者
友田　満
DTP
株式会社キャップス
印刷所
誠宏印刷株式会社
製本所
大口製本印刷株式会社
発行所
株式会社日本文芸社
〒101-8407 東京都千代田区神田神保町1-7
TEL.03-3294-8931［営業］，03-3294-8920［編集］
振替口座　00180-1-73081
＊
※乱丁・落丁などの不良品がありましたら、小社製作部宛にお送りください。
送料小社負担にておとりかえいたします。

ISBN978-4-537-25806-6
112101125-112101125Ⓝ01
編集担当・金田一
URL http://www.nihonbungeisha.co.jp